Michael Gressmann
Die Fundgrube für Vertretungsstunden

Michael Gressmann

Die Fundgrube für Vertretungs-stunden

in der Sekundarstufe I

Die Deutsche Bibliothek – CIP-Einheitsaufnahme

Gressmann, Michael:
Die Fundgrube für Vertretungsstunden in der Sekundarstufe I/Michael Gressmann. –
Frankfurt am Main: Cornelsen Scriptor, 2. Aufl., 1993
   ISBN 3-589-21028-1

1. Auflage 1992

6.	5.	4.	3.	2.	Die letzten Ziffern bezeichnen
97	96	95	94	93	Zahl und Jahr des Drucks.

© 1992 Cornelsen Verlag Scriptor GmbH & Co., Frankfurt am Main
Das Werk und seine Teile sind urheberrechtlich geschützt. Jede Verwertung in anderen
als den gesetzlich zugelassenen Fällen bedarf der vorherigen schriftlichen Einwilligung
des Verlags.
Umschlaggestaltung: Studio Lochmann, Frankfurt am Main
Illustrationen: Michael Gressmann
Satz: Bibliomania GmbH, Frankfurt am Main
Druck und Bindearbeiten: Clausen & Bosse GmbH, Leck
Vertrieb: Cornelsen Verlag, Berlin
Printed in Germany
ISBN 3-589-21028-1
Bestellnummer 210281

Inhaltsverzeichnis

3. Die andere Deutschstunde

4. Kleine Handversuche aus der Physik

5. Mit Schere, Bleistift und Papier (für 5–10)

6. Buntes Allerlei (für 5–10)

Vorwort

In der Schule wird zu wenig gelacht und gespielt und in fröhlicher Runde gelernt. Ein altes Sprichwort lautet: „Was für den Körper der Schlaf, ist für die Seele die Freude." Dieses Sprichwort soll ein Leitfaden durch meine Sammlung: *„Die Fundgrube für Vertretungsstunden"* sein.

Fehlt einmal ein Lehrer und ein anderer Kollege übernimmt den Unterricht, oder die Schüler sollen sich allein beschäftigen, so kann mit Hilfe der „Vertretungsstunde" (alter Arbeitstitel) trotzdem sinnvoller Unterricht, der auch noch Spaß macht, stattfinden.

In diesem Sinne ist die Sammlung zusammengestellt. Viele Beiträge können sicher auch bei anderen Gelegenheiten den Unterricht ergänzen und auflockern.

Das *Leitsystem* ermöglicht dem Benutzer dieser Sammlung einen schnellen Zugriff. Dem Inhaltsverzeichnis entnimmt man das Fachgebiet, z. B. „Spiele in der Klasse" oder „Kleine physikalische Handversuche". Über jedem Beitrag, Spielvorschlag, Rätsel usw. befindet sich eine Kopfleiste mit den drei Informationen:

– für welche Jahrgangsstufe geeignet?
– welche Vorbereitungen sind zu treffen?
– welches Material wird benötigt?

Die Empfehlung für eine Jahrgangsstufe ist nur ein Vorschlag und hängt natürlich von der Schulform und von der Beurteilung des Lehrers ab.

Viele Aufgaben sind erweiterungsfähig. Dabei sind dem Einfallsreichtum und Fleiß des Benutzers keine Grenzen gesetzt. Auch lassen sich die Schüler gern einspannen, die Aufgaben zu erweitern. Schauen Sie sich zum Beispiel die Aufgabe „Punktrechnung geht vor Strichrechnung" (S. 47) an. Wie schnell haben die Schüler das Prinzip verstanden und sind in der Lage, selbst Aufgaben zu entwickeln. Jeder Schüler legt einen Block mit 15 Aufgaben an, notiert sich auf einem anderen Blatt die Lösung und gibt das mit seinem Namen versehene Aufgabenblatt zur Bearbeitung an einen Mitschüler weiter. Er selbst löst die Aufgaben eines anderen Schülers. Zur Auswertung geht dann das Blatt an den Urheber zurück.

Mit etwas System kann man allein mit diesem Spiel eine ganze Unterrichtsstunde gestalten.

Ich habe in diese Sammlung manche Beiträge aufgenommen, die schon bekannt sind, auch wenn sie in einem neuen Kleide stecken. Aber ich will auf diese „Evergreens" nicht verzichten. Vielleicht können sie einmal die Rolle eines Rettungsankers in einer hektischen Stunde spielen. Die Urheber dieser Beiträge mögen mir verzeihen, wenn ich sie im einzelnen nicht mehr namentlich erwähnen kann.

Dankbar wäre ich, wenn interessierte Leser mir ihre Erfahrungen, Verbesserungen, Änderungsvorschläge oder neue Ideen mitteilen würden.

Und nun: Viel Vergnügen mit der „Fundgrube für Vertretungsstunden"!

In eigener Sache

Bitte haben Sie Verständnis dafür, daß Sie nur die eingerahmten Beiträge kopieren dürfen. Das Kopieren bringt auch Ihnen einen Nachteil: Die Schüler geben nach dem Unterricht die Kopien weiter oder spielen zu Hause das Spiel noch einmal. Im Nu ist das Spiel in allen Klassen bekannt, und die nächste Vertretungsstunde ist nur noch halb so spannend. Dem steht aber nicht entgegen, daß Sie einzelne Beiträge auf ein Schülerarbeitsblatt übertragen. So können Sie das Vorhaben auf Ihre Bedürfnisse einstellen, und die Arbeit bekommt Ihre persönliche Note.

1. Spiele in der Klasse

Montagsmaler

5–10   *Wörterliste, Tafel, Kreide, evtl. OHP, Folienstifte*

Dieses Rate- und Zeichenspiel macht Schülern und Lehrern gleichermaßen Spaß. Den meisten sind die Spielregeln bekannt. Der Lehrer teilt die Klasse in zwei bis vier Gruppen (A bis D) und schreibt eine Punktetabelle an die Tafel. Dann zeichnet er einen Gegenstand (oder Begriff), den er vorerst nur selber kennt, an die Tafel. Die Schüler sollen während des Zeichnens den Namen des Gegenstandes (oder Begriffes) erraten. Die Gruppe, die den gesuchten Namen zuerst nennen kann, ist Sieger.

Jeder auf Anhieb richtig geratene Gegenstand oder Begriff bringt 10 Punkte. Für jeden falsch genannten Namen wird ein Punkt abgezogen. Wenn z. B. die Gruppe B achtmal falsch geraten hat und dann zuerst den richtigen Begriff nennt, erhält sie zwei Punkte gutgeschrieben. Die anderen Gruppen bekommen für dieses Spiel natürlich keine Punkte.

Der Schüler, der als erster den richtigen Namen gefunden hat, darf als nächster den Gegenstand oder Begriff zeichnen, den ihm der Lehrer auf einem vorbereiteten Blatt zeigt. Sieger ist die Gruppe, die zum Spielende die meisten Punkte gesammelt hat.

Gezeichnet wird am besten an der Wandtafel, da das Bild für alle Schüler gleichzeitig gut sichtbar sein muß. Geeignet ist auch der Overheadprojektor. Die Begriffe können – nach Schwierigkeitsgrad gestaffelt – auch mehr als zehn Punkte bringen. Die folgende Liste mit möglichen Begriffen ist in die Stufen leicht–mittel–schwer unterteilt:

Leichte Wörter:
KALENDER   TELEPHONHÄUSCHEN   EINGANG   ABEND STREIK   DISCOTHEK   NAME   DES   LEHRERS   ZAHNARZT SAUNA   SCHATTEN   DRECK   MILLIONÄR   SONNTAG   FRÜH-LING   LAUB   MOTOR   UNKRAUT   ERBSEN   DÜNGER   RICH-TER   GEBURTSTAG   MIST   TEUFEL   APOTHEKE   TARZAN STEIGBÜGEL

Mittlere Schwierigkeitsstufe:
ANTIBABYPILLE   ABENTEUER   MUSIK   EIFERSUCHT   SOU-VENIR   ÄRGER   STRAFE   PURZELBAUM   LUXUS   ABFALL HUNGER   GLÜCK   KUMPEL   GENIE   MIETE   FERIEN TRAUM   NATUR   KATASTROPHE   UMWEG   BALLAST

Schwere Wörter:
HOFFNUNG ERINNERUNG PERÜCKE JOHN WAYNE MO-
DELL LEISTUNG WUNSCH GEDULD FREUDE ZUKUNFT
ERFINDUNG SCHULDEN SÜNDE VERRAT BESUCH LITE-
RATUR DUNKELHEIT SCHMERZEN SIEG

Und nun viel Vergnügen mit den Montagsmalern!

Variante Montagsmaler

5–10   *Wörterliste, Tafel, Kreide*

Der Lehrer teilt die Klasse in mehrere Gruppen auf. Jede Gruppe wählt
einen Zeichner. Während die anderen Gruppen den Klassenraum verlassen,
gibt der Lehrer dem Zeichner der ersten Gruppe einen Zettel, auf dem 10
Hauptwörter stehen. Während des Zeichnens muß die Gruppe den richtigen
Begriff erraten. Wieder gibt es Punktabzug für falsch genannte Wörter. Erst
wenn das richtige Wort genannt wurde, darf der Schüler den nächsten
Begriff zeichnen. Für jeden Begriff hat man aber nur eine Minute Zeit.
Nach einer festgelegten Zeit (etwa fünf Minuten) bricht der Lehrer das
Spiel ab, notiert die erreichten Punkte, und die nächste Gruppe kommt an
die Reihe. Die erste Gruppe kann zuschauen. Sieger ist die Gruppe, die in
der gleichen Zeit die meisten Begriffe erraten hat.

Was machst du denn da?

5–8   *Themenliste*

Bei diesem Spiel kommt es auf eine gute schauspielerische Leistung an: Ein
Spieler zeigt durch Pantomime, wie er einen Fahrradschlauch flickt. Die
Mitspieler müssen die Tätigkeit erraten. Wer zuerst die Lösung hat, darf
das nächste Spiel vorführen. Folgende Themen bieten sich an:

– Mofa fahren
– einen Nagel aus der Wand ziehen
– Tonbandaufnahmen
– ein Brett absägen

- Tanken an der Tankstelle
- einen Film einlegen
- im Supermarkt einkaufen
- ein Geschenk einpacken
- Kirschen essen
- eine Glühlampe einschrauben
- Radwechsel am Auto
- mit dem Zirkel einen Kreis zeichnen
- Rasenmähen
- Fenster putzen
- Kuchenbacken
- Brot im Toaster rösten
- eine Flasche öffnen
- Grillkohle anzünden
- einen Brief öffnen
- einen Hund füttern
- einen Faden in eine Nadel einfädeln
- Medizinball gegen eine Wand werfen und wieder auffangen

Gedächtnistraining

9–10   *Themenliste, Zeichenpapier, Bleistift*

Zeichne aus dem Gedächtnis die Tür, die in unser Schulgebäude führt. Zuerst von der Außen-, dann von der Innenseite. Zeichne möglichst genau und mit vielen Einzelheiten. Vergleiche anschließend dein Bild mit der Wirklichkeit.

Weitere „Memory-Zeichnungen"

- euer Haus von vorn
- einen Zehnmarkschein
- euer Auto von vorn
- eure Wohnzimmerlampe
- das Nachbarhaus von der Straßenseite
- euren Wohnzimmerschrank
- das Eurovisionszeichen im Fernsehen
- verschiedene Verkehrszeichen
- die Umrisse von verschiedenen Ländern

Einkreisen

7–10   Namensliste, Tafel, Kreide, evtl. OHP

Der Lehrer (L) schreibt den Namen einer bekannten Persönlichkeit auf die Rückseite der Tafel. Nun müssen die Schüler (Sch) durch geschickte Fragestellung den Namen herausfinden. Der Lehrer darf die Fragen nur mit ja oder nein beantworten, ähnlich wie es die Schüler auch von der Fernsehsendung „Was bin ich" kennen. Beispiel: *Konrad Adenauer.*

Sch: Ist es ein Mann?	*L:* ja
Sch: Lebt der Mann noch?	*L:* nein
Der nächste Sch: Lebte der Mann in Deutschland?	*L:* ja
Sch: War der Mann ein Filmschauspieler?	*L:* nein
Der nächste Sch: Ein Politiker? usw.	

Zehn Punkte bekommt der Schüler, der zuerst den richtigen Namen nennt – abzüglich je ein Punkt für falsch genannte Namen. Also: Nicht zu ängstlich sein, sonst kann es keine Punkte geben!

Geeignete Persönlichkeiten:

Margret Thatcher	Nelson Mandela
Franz Beckenbauer	Günter Grass
Michael Jackson	Robert Redford
Reinhold Messner	Elvis Presley
Jutta Dithfurth	Hannelore Kohl
Theo Waigel	Michael Groß
Name des Lehrers	Alexander Solschenizyn

und weitere aus dem aktuellen Zeitgeschehen und der Vergangenheit.

Erweiterung

Hat ein Schüler den gesuchten Namen gefunden, kann er selbst einen Namen an die Tafelrückseite schreiben und von seinen Mitspielern raten lassen. Dabei kann der Lehrer ruhig mitraten. Nicht nur die Namen berühmter Persönlichkeiten sind als Rateobjekt geeignet, es bieten sich auch Berufe, Gegenstände, Länder, Tiere, Städte usw. an.

Wer hat das beste Gedächtnis?

5–10   Protokoll

Mit diesem Spiel wird das Gedächtnis geschult und die Beobachtungsgabe geschärft. Nachdem der Lehrer die Spielregeln erklärt hat, verläßt eine Schülergruppe den Klassenraum.
Im Klassenraum verändert der Lehrer mindestens sechs Gegenstände, z. B. wischt er einen Teil des Tafelbildes ab, ergänzt ein vorhandenes Tafelbild um ein Detail, versteckt einen Stuhl, stellt den Overheadprojektor auf einen anderen Tisch, die Blumenvase auf ein anderes Fensterbrett und dreht das Klassenbuch um. Ein Schüler protokolliert.
Dann werden die Schüler hereingerufen und aufgefordert, die Veränderungen zu finden. Die Gruppe hat nur eine bestimmte Zeit zur Verfügung, dann kommt die nächste Gruppe an die Reihe.

Am laufenden Band

7–10   Verschiedene Gegenstände, evtl. Folie, OHP, Tuch zum Abdecken

Es geht darum, sich aus einer Vielzahl kleinerer Gegenstände nach einer kurzen Beobachtungszeit möglichst viele zu merken.
Der Lehrer stellt ein Tablett auf den Tisch, auf dem etwa zwanzig kleinere Gegenstände ausgebreitet sind, z. B. Radiergummi, Zirkel, Armbanduhr, Nagelfeile, Autoschlüssel, Flaschenöffner, Kronenkorken, Büroklammer, Fotografie ...
Alle Gegenstände sollen auf den ersten Blick erkennbar sein. Nach einer halben Minute entfernt der Lehrer das Tablett oder deckt es mit einem Tuch ab. Nun muß jeder Mitspieler innerhalb von drei Minuten aufschreiben, welche Gegenstände er sich gemerkt hat. Will man vermeiden, daß die Schüler voneinander abschreiben, bildet man mehrere Rateteams.
Der gut vorbereitete Spielleiter hat zur schnelleren Auswertung die Namen aller Gegenstände hinter die Tafel oder auf eine Folie geschrieben.

Variante 1

Der Lehrer zeigt den Schülern das Tablett mit den Gegenständen etwa eine halbe Minute und entfernt dann, ohne daß es die Schüler sehen, fünf Gegenstände. Jetzt wird das Tablett gezeigt und die Schüler müssen in 15 Sekunden herausfinden, welche Gegenstände fehlen.

Variante 2

9–10   *vorbereitete Folienrolle, OHP*

Auf eine Folienrolle sind ca. dreißig Gegenstände gezeichnet. Der Lehrer spult die Rolle auf dem Overheadprojektor langsam ab. Die Schüler haben anschließend zwei Minuten Zeit, die Gegenstände aus dem Gedächtnis aufzuschreiben.

Interessant ist auch ein Vergleich der Ergebnisse, wenn man mehrere Minuten Unterbrechung einbaut und die Zeit mit einem anderen Spiel überbrückt.

Eine unglaubliche Gedächtnisleistung

8–10   *Zettel, Stift*

Mit diesem Spiel überraschen Sie Zuschauer und Mitspieler gleichermaßen. Sie weisen eine Gedächtnisleistung auf, die Ihnen niemand zutraut. Das Interessante an der Vorführung ist, daß jeder einen Trick – den es gar nicht gibt – dahinter vermutet.

Der Lehrer fordert die Schüler auf, 25 Hauptwörter aus verschiedenen Bereichen (allerdings ohne Vor- und Nachnamen) aufzuschreiben und von 1 bis 25 durchzunumerieren. Zum Beispiel sammeln die Schüler folgende Hauptwörter:

1 Geschichte	9 Arbeit	17 Saturn
2 Eimer	10 Apollo	18 Überschwemmung
3 Unterseeboot	11 Holzwurm	19 Texas
4 Zylinder	12 Ferkel	20 Hilferuf
5 Friedhof	13 Hunger	21 Hausfreund
6 Ebbe	14 Freilauf	22 Rinderpest
7 Husten	15 Neger	23 Iglu
8 Meerschweinchen	16 Schwangerschaft	24 Märchen
		25 Eifersucht

Jetzt nennt ein Schüler dem Lehrer – der natürlich bei der Zusammenstellung der Liste nicht anwesend war – das erste Wort, hier „Geschichte". Nach einer kurzen Konzentrationspause von ca. 10 Sekunden fordert der Lehrer das nächste Wort. In dieser Weise liest der Schüler nach und nach alle 25 Wörter vor.
Was geschieht nun in den kurzen Konzentrationspausen?

Der Lehrer stellt zu dem genannten Wort eine Gedankenverbindung zu einem anderen Wort her, das er sich schon vorher gemerkt hat und zu der betreffenden Zahl eine Verbindung hat.

Ein Beispiel: Zu der Zahl 1 hat sich der Lehrer den Begriff „Frau" gemerkt (Eselsbrücke: Thema Nummer eins sind Frauen). Mit beiden Wörtern „Geschichte" und „Frau" bildet er blitzschnell eine Assoziation, z.B. „Manche Frauen machen gern Geschichten". Diese so hergestellte Gedankenverbindung läßt sich lange im Gedächtnis speichern und bei Bedarf schnell abrufen. Für die Zahl 2 hat der Lehrer das Merkwort „Freund" im Gedächtnis gespeichert. Damit läßt sich schnell mit dem genannten Wort „Eimer" der Satz bilden: „Eine Freundschaft geht schnell in den Eimer."

Ich selbst habe mir folgende Merkwörter zurechtgelegt:

1 Frau	9 Kegel	17 Traum
2 Freund	10 Gebote	18 Skat
3 König	11 Karneval	19 Weltkrieg
4 Jahreszeiten	12 Mittag	20 Bier
5 Kampf	13 Unglück	21 Leutnant
6 Lotto	14 Mädchen	22 Fußball
7 Zwerge	15 Rakete	23 Null
8 Fahrrad	16 Renault	24 Uhr
		25 Ende

Oft muß man ganz unsinnige Merksätze bilden, die sich aber trotzdem – oder gerade deshalb – gut merken lassen. Wie läßt sich zum Beispiel „Rinderpest" und „Fußball" verknüpfen? Ein wenig Phantasie ist schon notwendig, dann fällt einem sofort Argentinien ein, das 1978 Fußballweltmeister wurde. Argentinien lebt vom Export von Rindern ...

Nun sind alle Wörter genannt und im Gedächtnis gespeichert. Jetzt läßt der Lehrer eine Viertelstunde oder mehr vergehen, in der die Schüler mit einer Rechenaufgabe beschäftigt werden. Der Lehrer hat dann Zeit, alle 25 Sätze noch einmal Revue passieren zu lassen.

Dann ist es soweit: Ein Schüler (später ein anderer) wird aufgefordert, die genannten Wörter abzufragen. Dabei braucht er sich an keine Reihenfolge zu halten. „Was ist Nummer 7?" „Husten." (Wie kann man „Husten" mit „Zwerg" verknüpfen? Vielleicht: Wenn Zwerge husten, kümmert das keinen Menschen.).

Auch umgekehrt kann man abfragen: An welcher Stelle stand das Wort „Hausfreund"? Antwort: 21. Eine Kombination von Hausfreund und Leutnant ist wohl einfach. Auch noch nach Stunden und Tagen lassen sich die einmal gespeicherten Begriffe leicht abrufen. Im übrigen bietet dieses Verfahren eine Möglichkeit, sich die Namen vieler Schüler schnell und sicher einzuprägen.

Nach einiger Vorbereitung lassen sich problemlos 50 Merkwörter speichern, so daß man sich bei „Wetten daß" bewerben kann ...

Konzentriere dich

7–10 **Folie, OHP, Fenster aus Pappe, Gegenstände, Tafelbild, Tuch zum Abdecken, Bilderleiste**

Stufe 1

Jeder Schüler soll zeigen, wie schnell er die einzelnen Buchstaben von einem vorgegebenen Wort alphabetisch ordnen kann. Eine richtige Lösung innerhalb von fünf Sekunden für ein Wort mit fünf Buchstaben gibt zwei Punkte. Beispiele:

Wörter mit 5 Buchstaben (5 Sekunden Zeit)

Karte	AEKRT	Bauch	ABCHU
Monat	AMNOT	Tafel	AEFLT
Gunst	GNSTU	Vater	AERTV

Wörter mit 6 Buchstaben (6 Sekunden Zeit)

Zipfel	EFILPZ	Panzer	AENPRZ
Falter	AEFLRT	Kuchen	CEHKNU
Nichte	CEHINT	Mutter	EMRTTU

Wörter mit 7 und 8 Buchstaben (7 und 8 Sekunden Zeit)

Ginster	EGINRST	Kirschen	CEHIKNRS
Schwein	CEHINSW	Schraube	ABCEHRSU
Hamster	AEHMRST	Wilddieb	BDDEIILW

Zweckmäßigerweise hat der Lehrer die Wörter schon auf eine Overheadfolie geschrieben und gibt sie mit einem selbstgefertigten Fenster aus Pappe frei. Schwieriger wird das Spiel, wenn der Lehrer die Wörter nur mündlich nennt.

Stufe 2

Der Schüler soll sich auf einen Gegenstand konzentrieren und sich dabei alle wesentlichen Merkmale einprägen. Nach einer gewissen Zeit nimmt der Lehrer den Gegenstand weg oder deckt ihn ab. Dann muß der Schüler Fragen über diesen Gegenstand schriftlich beantworten.

Beispiel: *Verbandskasten:*
Welche Farben hat der Kasten?
Aus welchem Material ist der Kasten?
Wie erfolgt der Verschluß?
Welche Aufschriften?
Wie weit war der Deckel geöffnet?
Stand der Kasten hochkant oder flachkant?
Schätze die Außenmaße (Länge, Breite, Höhe) in cm.

Stufe 3

Schau dir die Abbildung auf der Tafel eine halbe Minute genau an und versuche dann, sie aus dem Gedächtnis nachzuzeichnen.
Der Lehrer zeichnet die Figur an die Tafel oder legt eine entsprechende

Folie auf den OHP. Dann wird die Figur zugedeckt oder entfernt, und die Schüler beginnen gleichzeitig zu zeichnen. Nach ca. einer Minute legen alle Schüler den Stift hin, und das Bild wird wieder gezeigt. Der Lehrer geht herum und verteilt Punkte.

Beispiele:

Stufe 4

5–7 **Tafelbild oder Folie auf OHP, Schülerarbeitsblätter (Kopiervorlagen auf S. 26)**

Dieses Spiel hat echten Wettkampfcharakter: In möglichst kurzer Zeit tragen die Schüler das entsprechende Symbol auf ein vorbereitetes Arbeitsblatt. Die Ziffern und die dazugehörigen Symbole bleiben an der Tafel stehen. Nur der, der nach einem bestimmten System vorgeht, hat eine Chance, das Spiel zu gewinnen. Bewährt hat sich z. B. die Methode, zuerst alle Felder mit der Ziffer 2, dann die Felder mit der Ziffer 4 usw. auszufüllen.

Tafelbild:

1	2	3	4	5	6	7	8	9	0
—	И	כ	L	⊔	○	∧	X	=	/

Schätzungen

7–10 **Merkliste, Bandmaß, Stoppuhr, Küchenwaage o. ä.**

Sehr unterhaltsam und nebenbei auch lehrreich ist das Schätzen von Längen, Massen, Rauminhalten und Zeiten. Beginnen wir mit dem Schätzen von Längen. Der Lehrer hat zu diesem Zweck mehrere Gegenstände im Klassenraum vermessen und sich die Ergebnisse notiert: Höhe und Breite des Klassenzimmers, Länge mal Breite der Wandtafel, Türbreite und -tiefe, Größe des Lehrers, Durchmesser des Globus, Fenstermaße ...
Dann wird abgefragt, und jeder Schüler notiert sich sein Schätzergebnis. Bei der Auswertung verteilt der Lehrer Punkte: Für jeden falsch geschätzten Zentimeter (oder Millimeter) gibt es einen Punkt Abzug.
Mit Rauminhalten geht es weiter: Wieviel Liter Wasser sind in diesem Glasgefäß, in diesem Eimer ...? Dann werden Massen geschätzt: Wieviel Kilogramm wiegt dieser Stuhl, Tisch, Abtreter, Overheadprojektor, wieviel Gramm wiegt ein Fünfmarkstück, dieser Kugelschreiber, Türschlüssel ...? Es macht natürlich viel Mühe, die Gegenstände vorher auszuwiegen. Aber man kann diese Übung jedes Jahr in einer anderen Klasse wiederholen.
Am wenigsten Mühe bereitet es, Zeiten zu schätzen. Der Lehrer gibt ein Startzeichen, und nach einer gewissen Zeitspanne das Stopzeichen. Die Schüler notieren die geschätzte Zeit. Natürlich darf kein Schüler seine Armbanduhr zur Hilfe nehmen.

Arbeitsblatt zu „Konzentriere dich", Stufe 4:

2	4	6	4	7	0	6	8	1	4	5	2
6	7	9	0	9	3	5	1	1	0	2	3
1	4	5	0	9	8	5	6	2	3	6	7
3	4	0	9	7	8	4	3	1	6	7	4

Oder umgekehrt: Die Symbole sind gegeben, und der Schüler sucht die zugehörigen Ziffern.

Arbeitsblatt zu „Konzentriere dich", Stufe 4:

И	L	╱	=	✕	⊐	L	—	∧	=	∧
=	✕	—	—	⊐	○	⊐	⊔	✕	—	И
╱	∧	○	⊐	И	∧	✕	=	○	╱	L
L	—	⊔	И	∧	✕	=	○	И	L	∧
✕	╱	=	—	⊐	⊐	L	✕	╱	=	L

Wer kennt sich aus?

5–8   Wörterliste, Tafelanschrieb

Der Lehrer schreibt eine Sportart an die Tafel, zum Beispiel „Tennis". Nun sollen die Schüler möglichst viele Hauptwörter aufschreiben, die mit dieser Sportart zusammenhängen:
Tennisball, Schläger, Netz, Schiedsrichter, Linienrichter, Gegner, Walze, Trikot, Aufschlag, Spielfeld, Trainer.
Nach zwei Minuten ist Schluß. Reihum liest jeder seine Wörter vor. Ist eins falsch, muß es gestrichen werden. Jedes richtige Wort gibt einen Punkt. Dann beginnt die nächste Runde.

Weitere geeignete Sportarten: Fußball, Segeln, Turnen, Boxen, Skilaufen ...

Wurstzipfelspiel

5–7   Wörterliste, Tafelanschrieb

Der Lehrer schreibt ein zusammengesetztes Hauptwort an die Tafel, zum Beispiel „Windmühle". Der erste Schüler muß nun den Wortzipfel „Mühle" aufgreifen und ein neues zusammengesetztes Hauptwort, das mit Mühle beginnt, nennen, zum Beispiel „Mühlrad". Der nächste Schüler in der Reihe bildet nun ein zusammengesetztes Hauptwort mit „Rad" als Anfangswort. Wer innerhalb von drei Sekunden keinen neuen Wurstzipfel findet, scheidet aus. Das Spiel muß schnell gehen, damit es richtigen Spaß macht.

Wörterpyramide

6–9

Der Lehrer gibt einen Buchstaben vor, z. B. ein B. Der erste Schüler in der Bankreihe nennt ein Hauptwort mit dem Anfangsbuchstaben B, z. B. Brot. Der nächste Schüler muß nun mit den beiden ersten Buchstaben B und r ein neues Wort bilden, z. B. Braten. So geht es weiter. Der dritte Schüler nennt das Wort „Brause", der vierte Braut usw.

Irgendwann ist Schluß, dann kann der folgende Schüler kein neues Wort mehr finden und scheidet aus. Der Lehrer gibt den nächsten Buchstaben vor und läßt eine neue Pyramide bauen. So geht das Spiel durch die Klasse, bis nur noch ein Schüler übrig bleibt. Das ist dann der „Pyramidenkönig".

Wer löst am schnellsten Silbenrätsel?

**6–8   *Schülerarbeitsblätter (Kopiervorlage s. S. 29),
Liste mit Lösungswörtern***

Der Lehrer bereitet für jeden Schüler ein Arbeitsblatt mit Silben vor.

Die Zettel werden so ausgeteilt, daß alle Schüler gleichzeitig beginnen können. Vor jedem Schüler liegt der Zettel mit der unbeschriebenen Seite nach oben. Die Aufgabe heißt: Die 28 Silben, richtig zusammengestellt, ergeben 10 Berufe.

Wer die zehn Berufe hingeschrieben hat, hält den Zettel hoch. Der Lehrer notiert Namen und Reihenfolge. Alle anderen suchen weiter. Nach fünf Minuten ist Schluß. Die Punktverteilung ist einfach: Stimmen alle Berufe, erhält der Schnellste soviel Punkte, wie Teilnehmer mitgemacht haben. Das nächste Spiel kann beginnen!

Lösung zu: Zehn Berufe
Schuster, Bildhauer, Lehrer, Werkzeugmacher, Kellner, Professor, Elektriker, Politiker, Maurer, Pastor.

Lösung zu: Acht kleine Säugetiere
Fledermaus, Murmeltier, Hamster, Siebenschläfer, Igel, Iltis, Kaninchen, Ratte.

Lösung zu: Acht Länder
Polen, Ungarn, Italien, Brasilien, Australien, Kanada, Uganda, Argentinien.

Lösung zu: Acht Nahrungsmittel
Zitrone, Erdnüsse, Marmelade, Speiseöl, Honig, Gemüse, Apfelsine, Margarine.

Das Spiel läßt sich gut fortsetzen mit Städten, Werkstoffen, Automarken, Bäumen, Werkzeugen, Vögeln, Sportarten …

Silbenrätsel

Zehn Berufe

bild - cher - elek - er - fes - hau - kell - leh - li - ker - ker -
ma - mau - ner - rer - rer - pa - po - pro - schu - sor - ster -
stor - ti - tri - werk - zeug

Acht kleine Säugetiere

ben - chen - der - fer - fle - gel - ham - i - il - ka - maus - mel
- mur - nin - rat - schlä - sie - ster - te - tier - tis

Acht Länder

ar - au - bra - da - da - en - en - en - en - gan - garn - gen - i
- ka - len - li - li - li - na - ni - po - si - stra - ta - ti - u - un

Acht Nahrungsmittel

ap - de - erd - fel - ga - ge - ho - la - ma - mar - me - mü - ne
- ne - ne - nig - nüs - öl - ri - se - se - se - si - spei - tro - zi

Buchstabenfolgen

9–10   *Merkliste*

B F J P.   Wie heißt der nächstfolgende Buchstabe in dieser Reihe?

Lösung: Es ist der Buchstabe V, denn in der Reihe handelt es sich immer um den Nachfolger der Vokale a, e, i, o …

Wie heißt das nächstfolgende Glied in diesen Reihen?

a) A   E   F   H   I   K   L
b) B   E   J   Q
c) E   Z   D   V   F   S   S
d) BAD   CEF   DIG   FOH

Lösungen:

a) M. Es sind alles Druckbuchstaben ohne Rundelemente.
b) Z. Die Reihenfolge dieser Buchstaben im Alphabet ist 2 … 5 … 10 … 17 … Der nächste Buchstabe in dieser Serie steht an 26. Stelle im Alphabet, dem entspricht der Buchstabe Z.
c) A. Es handelt sich um die Anfangsbuchstaben der Zahlwörter eins, zwei, drei usw.
d) GU ist die nächste Buchstabengruppe. Die jeweils ersten Buchstaben sind Konsonanten in alphabetischer Reihenfolge. Die zweiten Buchstaben sind Vokale, ebenfalls alphabetisch geordnet. Die dritten Buchstaben sind wieder Konsonanten in Folge, beginnend mit D.

Zusatzaufgabe: Stelle selbst Buchstabenreihen auf, deren sinnvoller Aufbau zu finden ist!

In einem Zuge. Teil eins

5–8   *Folie, OHP*

Versuche, die abgebildeten Figuren in einem Zuge nachzuzeichnen. Die Linien können sich dabei kreuzen und berühren, dürfen aber nicht zweimal gezogen werden.

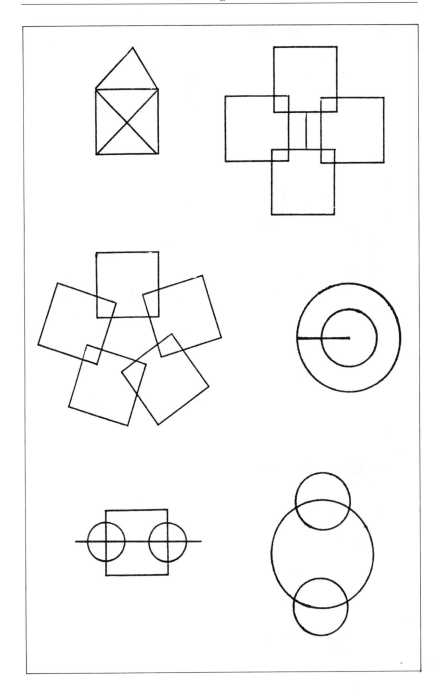

In einem Zuge. Teil zwei

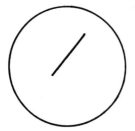

Wie kannst du in einem einzigen Zuge – also ohne den Bleistift abzusetzen – diese Figur zeichnen? Der Strich innen darf den Kreis nicht berühren!

Lösung:
Falte eine Ecke um, beginne bei A zu zeichnen, fahre über die Ecke hinweg in weitem Bogen bis B, klappe die Ecke wieder zurück und zeichne weiter, bis der Kreis geschlossen ist.

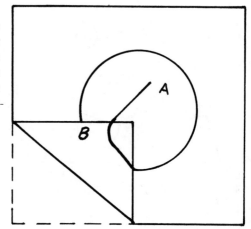

Verschlungene Pfade

5–8   *Tafelbild, evtl. Folie auf OHP*

Die Schüler sollen in möglichst kurzer Zeit den Anfangspunkt eines jeden Pfades mit dem dazugehörigen Endpunkt kombinieren, z. B. E 6.

Diesen vermeintlichen Wirrwarr hat der Lehrer natürlich schon in der Pause an die noch geschlossene Tafel gezeichnet, so daß alle Schüler gleichzeitig beginnen können. Auch vorbereitete Folien für den Overheadprojektor sind gut geeignet.

Nun soll jeder Schüler selbst einen Irrgarten entwerfen und die Lösungen auf einen Zettel notieren. Auf beide Blätter schreibt er seinen Namen. Es spielt jeder gegen jeden. Die Ergebnisse werden in einer vorbereiteten Tabelle eingetragen. Zum Schluß werden alle Ergebnisse verglichen und der Sieger ermittelt.

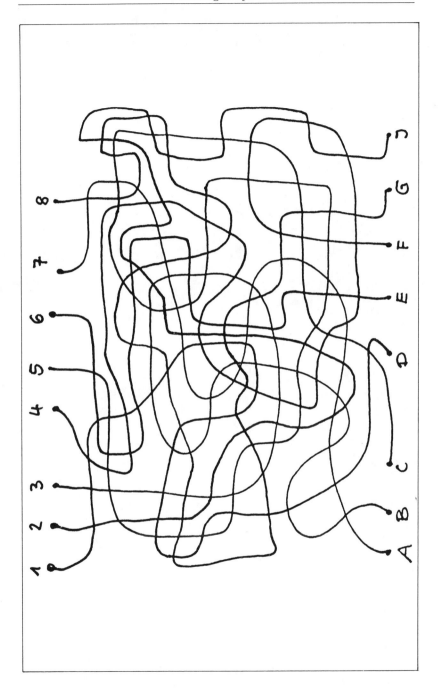

Ergänze die fehlenden Buchstaben. Es muß – richtig geschrieben –
ein vollständiges Wort entstehen:

```
 1   B  I  __  L  __  G  __  __  H  E  __  T
 2   __  __  R  __  E  __  __  L
 3   O  __  __  E  R  M  __  N  T  __  __
 4   __  E  U  __  __  S  T  __  G
 5   __  P  E  I  __  E  __  L  __  N
 6   S  C  __  __  __  __  I  B  __  __  __  S  C  __
 7   __  __  __  __  E  O  __  E  C  O  __  __  __  __  __
 8   __  E  H  __  __  __  __  __  G
 9   L  __  D  __  N  __  __  __  __  L  __  __  __  __
10   Ü  B  __  __  __  R  __  __  __  C  H  __  __  __  G
11   M  __  __  T  __  G  __  P  __  U  __  E
12   M  E  __  __  __  E  I  __
13   __  U  __  O  __  A  __  __
14   K  __  __  __  T  __  __  __  __  E  __  C  __  I  __  S
15   P  A  __  A  __  __  E  __
16   __  U  __  D  __  __  W  __  __  R
17   F  __  __  __  S  __  U  R  __  E  H  __  L  __  N  __
18   B  __  C  __  D  __  U  __  __  E  R  E  __
19   B  __  L  __  E  __  R  __  H  __  __  N
20   C  __  __  __  P  __  __  __  __  R
21   __  T  __  A  __  __  E  __  B  A  __  __  __
22   T  __  N  __  E  __  __  __  __  S  __  __  __
23   B  __  N  __  E  __  L  __  __  A
```

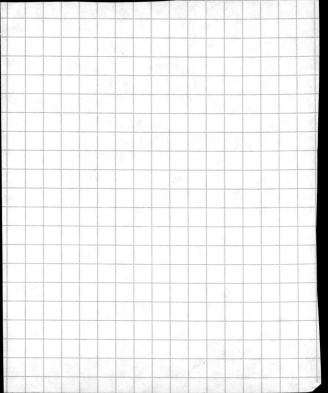

Da fehlt etwas

7–10   ***Schülerarbeitsblatt (Kopiervorlage s. S. 34), Tafelanschrieb***

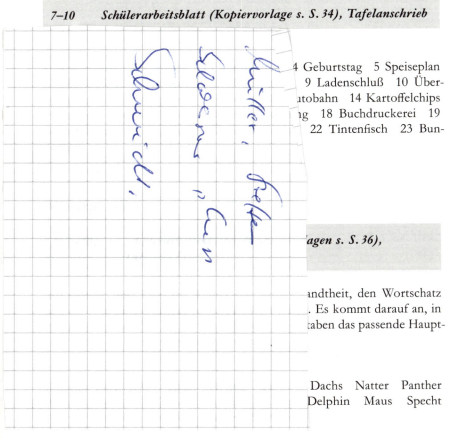

4 Geburtstag 5 Speiseplan
9 Ladenschluß 10 Über-
...tobahn 14 Kartoffelchips
...g 18 Buchdruckerei 19
22 Tintenfisch 23 Bun-

...agen s. S. 36),

...ndtheit, den Wortschatz
... Es kommt darauf an, in
...taben das passende Haupt-

Dachs   Natter   Panther
Delphin   Maus   Specht

Lösungen Nahrungsmittel: Salat Schokolade Spinat Spaghetti Reis
Fleisch Kuchen Margarine Honig Aufschnitt Kakao Sellerie Milch
Malzbier Butter

Lösungen Hauptstädte: Kairo Stockholm Dublin Paris Tokio Moskau
Peking Berlin Belgrad

Lösungen Werkzeuge: Hammer Schaufel Zange Bohrer Feile Spaten
Körner Meissel Bürste Schaber

Lösungen Sportarten: Tennis Badminton Segeln Laufen Angeln Speer-
werfen Dressur Biathlon Tauchen Surfen Rudern Turnen

Tiere

FFEA	PETSCH	LAMKE
REINGH	LULAWAB	TEROT
SCHAD	PLANSEI	SUMA
TRANPEH	GAJURA	SIAMEE
RADREM	LODRESS	PRAFNEK
BLASWECH	TANTER	NEUDESH
PLEIHND	BRUSDAS	

Nahrungsmittel

ATLAS	OKAAK	SICHELF
STANIP	CHLIM	ANGERIAM
SIRE	TETBUR	FACHISTUNT
HUNCKE	SADELOKOCH	LEISELER
GONHI	GEISHPATT	BALZIMER

Hauptstädte

ORAKI	GENKIP	SPRAI
NULDIB	BIRNEL	OSAKUM
KOOTI	SCOMLOTKH	DRALGEB

Werkzeuge

MEHRMA	RÖNKER	HERROB
GANEZ	BERÜST	PANEST
ELFIE	FEUSCHAL	SEIMLES
		BERSACH

Sportarten

ENSTIN	NAUCHET	REFEPERWENS
GELESN	DRERUN	LOHNBATI
LEGANN	DONNITAMB	FRESUN
SUDSERR	FENULA	TRENUN

Wörtersuche

Suche Wörter, die mit A beginnen und mit e enden! Der Lehrer schreibt
die zugerufenen Wörter an die Tafel: Allee, Affe, Amme, Apache ...

Jetzt geht es wettbewerbsmäßig weiter.

Wörtersuche

A _____ n	A _____ n	A _____ n
P _____ l	P _____ l	P _____ l
Sch _____ r	Sch _____ r	Sch _____ r
F _____ e	F _____ e	F _____ e
T _____ l	T _____ l	T _____ l
M _____ t	M _____ t	M _____ t
O _____ n	O _____ n	O _____ n
G _____ e	G _____ e	G _____ e
B _____ m	B _____ m	B _____ m
S _____ e	S _____ e	S _____ e
L _____ n	L _____ n	L _____ n
E _____ l	E _____ l	E _____ l

Einmal vorwärts, einmal rückwärts

6–8 (9)   **Tafelanschrieb, Wörterliste**

Auch so lassen sich Vertretungsstunden überbrücken: Der Lehrer schreibt zehn Hauptwörter an die Tafel. Das erste Wort soll „Trapez" lauten.

T	Z
R	E
A	P
P	A
E	R
Z	T

Und so geht das Spiel weiter: Der Schüler schreibt das erste Wort von oben nach unten und daneben von unten nach oben auf einen Zettel. In den freien Raum muß er nun Wörter setzen, die mit den vorgegebenen Anfangs- und Endbuchstaben übereinstimmen. Kommt er nicht mehr weiter, nimmt der Schüler das nächste Wort. Später, bei der Auswertung, werden die Füllwörter gezählt. Dabei bringen lange Füllwörter mehr Punkte als kurze; jeder Buchstabe zählt einen Punkt. Also lieber ein langes Wort einsetzen, als Zeit mit schwierigen Kombinationen verbrauchen.
Abkürzungen sind nicht erlaubt.

Weitere geeignete Wörter:
Apfel Notar Fahrrad Palast Abenteuer Schachspiel Nashorn Kasten Pistole Atlantik

13 Wörter im Salat

8–10   **Wörterliste**

Aus den fünf Buchstaben, die in dem Wort Salat vorkommen, soll der Schüler neue Wörter bilden. Wer findet als erster die 12 Wörter? Abkürzungen sind nicht erlaubt.

Saal Saat Last Aal Tal als alt Ast Aas As las und Atlas.

Weitere Wörter, die sich gut zerlegen lassen:
LAUFEN   STEIN   ROST   ELBA   STIER   BAUER   GARTEN
SPORT   MEILE   FUSEL   GEDULD   SPINAT   ANKER

1. Fangfrage: Nicht schwarz

5–10

„Versuch einmal, das Wort *schwarz* nicht zu sagen. Ich glaube kaum, daß
du es schaffst. Eine Antwort geben mußt du mir natürlich …"
Also, welche Farbe hat der Himmel?
Blau.
Welche Farbe hat die Wiese?
Grün.
Welche Farbe hat ein Postauto?
Gelb.

„Jetzt hast du doch „*gelb*" gesagt. Ich wußte, daß du es nicht schaffst.
Wieso, ich sollte doch nicht „*schwarz*" sagen …"

2. Fangfrage: Hast du ein gutes Gedächtnis?

Ja.
Ich stelle dir einige leichte Fragen.
Wie heißt die Hauptstadt von Bayern?
München.
Wie viele Tage hat ein Jahr?
365.
Wie heißt „Brief" auf englisch?
letter.

So. Welche Frage habe ich dir zuerst gestellt?

Die richtige Antwort lautet: Hast du ein gutes Gedächtnis?

Hellseherei Stufe 1: Geige, Hammer und rot

5–10   Tafelanschrieb, evtl. Zettel

Der Lehrer schreibt drei Worte unauffällig – am besten schon vor der Stunde – auf die Rückseite der Tafel (oder einen Zettel):

GEIGE   HAMMER   ROT

Jetzt wird ein Schüler aufgefordert, ohne lange zu überlegen, schnell zu antworten:

Nenne ein Musikinstrument!
Nenne ein Werkzeug!
Nenne eine Farbe!

In den meisten Fällen antwortet der Schüler – vorausgesetzt, der Test ist ihm noch nicht bekannt – mit Geige, Hammer und rot. Weiß der Lehrer, daß der Schüler ein bestimmtes Musikinstrument spielt, so schreibt er natürlich dieses hinter die Tafel. Die Überraschung ist dann groß, wenn die Tafel mit den drei Wörtern aufgeschlagen wird.

Hellseherei Stufe 2: Siebenunddreißig und Achtundsechzig

9–10   Zettel, evtl. Spielkarten

Ein verblüffender „Trick" mit Zahlen ist folgender:
Viele Leute neigen dazu, die Zahl 7 zu wählen, wenn man sie auffordert, eine Zahl zwischen 1 und 10 zu nennen. Noch häufiger wird die Zahl 3 gewählt, wenn man eine Zahl zwischen 1 und 5 nennen soll. Es muß aber erwähnt werden, daß diese Tricks nicht immer funktionieren, doch der Erfolg ist besser als erwartet.
Der Lehrer schreibt die Zahl 37 auf ein Stück Papier und dreht das Blatt um. Dann fordert er einen Schüler auf: „Nenne bitte eine zweiziffrige Zahl zwischen 1 und 50. Die beiden Ziffern müssen ungerade und dürfen nicht gleich sein. Du darfst z.B. die Zahl 11 nicht wählen."
Merkwürdigerweise stehen die Chancen gut, daß der Schüler die 37 wählt. Die nächstwahrscheinlichere Zahl scheint 35 zu sein. Der „Hellseher" selbst

erwähnt die Zahl 11, und diese Tatsache scheint die Gedanken hin zu den Dreißigern zu lenken. In dieser Umgebung wird die Zahl 37 am häufigsten gewählt.

Gelingt der Trick, kann man versuchen, noch einen zweiten anzuschließen. Man fragt nach einer zweiziffrigen Zahl zwischen 50 und 100, wobei beide Ziffern gerade sein sollen. Wie vorher dürfen beide Ziffern nicht gleich sein. Es ist überraschend: Am häufigsten nennen die Schüler die 68.

Hat man zufällig Spielkarten zur Hand, kann man die Voraussage so machen, daß man eine 6 und eine 8 mit den Bildseiten nach unten legt. Dadurch steigen die Erfolgschancen, weil man zwei der möglichen Antworten – 68 und 86 – auflegen kann, je nachdem, welche Karte man zuerst umdreht ...

Aus: Martin Gardner „Kopf oder Zahl"

Hellseherei Stufe 3: Berühmte Namen

5–10   Notizblock o. ä., Aschenbecher, Feuerzeug, kleiner Kasten o. ä.

Diese Vorführung gehört eigentlich in ein Anleitungsbuch für Zauberlehrlinge – so einfach und verblüffend ist dieser Trick.

Der Lehrer holt einen kleinen Block Papier hervor und bittet sechs oder acht Schüler, den Namen einer berühmten Persönlichkeit zu nennen. Jeden einzelnen schreibt er auf ein besonderes Blatt, das er zusammenfaltet und in einen Kasten wirft.

Nachdem das geschehen ist, zieht einer der Schüler einen der gefalteten Zettel aus dem Kasten, ohne ihn jedoch aufzufalten. Die restlichen Zettel legt der Lehrer in einen Aschenbecher und verbrennt sie. Für einen Augenblick konzentriert er sich scharf und nennt dann den Namen, der auf dem Zettel steht. Der Schüler entfaltet den Zettel – und findet den Namen bestätigt!

Die Erklärung ist einfach: Der Lehrer schreibt auf jedes Blatt denselben Namen, nämlich den vom ersten Schüler genannten. Dann kann man ein beliebiges Blatt herausziehen lassen. Vorsicht: Den Trick höchstens einmal wiederholen.

Die rettende Idee

5–10   Spielmarken o. ä., OHP

Ein Rettungsboot mit 15 Mann Besatzung nimmt 15 Schiffbrüchige auf.
Nun gerät das Boot selbst in Gefahr und droht zu kentern. Eine Rettung
ist nur möglich, wenn 15 Personen über Bord gehen.
Aber das Los, wer über Bord gehen muß, soll alle gleichmäßig treffen,
Schiffbrüchige wie Besatzungsmitglieder. Der Kapitän schlägt vor, daß sich
alle 30 Mann im Kreis nebeneinanderstellen. Dann wird im Uhrzeigersinn
immer bis neun abgezählt. Der Neunte muß aus dem Kreis heraustreten
und über Bord gehen. Danach wird wieder bis neun gezählt und immer so
fort im Kreis herum, bis nur noch 15 Leute auf dem Boot sind.
Alle sind mit dem Plan einverstanden, und der Kapitän stellt die Leute
(angeblich) bunt durcheinander im Kreis auf.

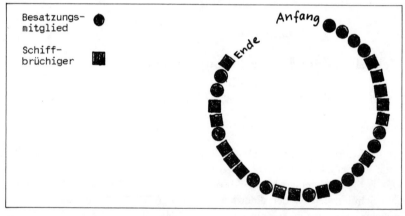

Angeblich deshalb, weil der Kapitän die Reihe nach einem Plan aufstellt,
die die eigenen Leute schont, denn beim Abzählen steht immer ein Schiff-
brüchiger an der neunten Stelle. Wie sieht die Reihe aus?
Der Lehrer benutzt den Overhead-Projektor, um das Problem zu veran-
schaulichen. 15 runde Plättchen stellen die Besatzungsmitglieder, 15 qua-
dratische Plättchen die Schiffbrüchigen dar. Die Aufstellung sieht dann so
aus, wie es die Abbildung zeigt. Diese Aufstellung kann man sich mit einer
„Eselsbrücke" leicht merken:

GOTT SCHLUG DEN MANN IN ALAMECH, DER ISRAEL BE-
ZWANG.

Jeder Vokal bedeutet die Zahl, an der der Vokal im Alphabet steht, also a
= 1, e = 2 usw.

Das Geheimnis der Neun

5–10   *Tafelbild*

Der Lehrer malt 15 oder mehr kleine Kreise so an die Tafel, daß sie eine große Neun bilden (siehe Skizze), und numeriert die Kreise durch. Ein Schüler wird aufgefordert, sich eine Zahl auszudenken, die größer ist als die Zahlen, die im Schwanz der Neun stehen, z. B. 30. Während der Lehrer sich umdreht oder den Klassenraum verläßt, soll der Schüler seine ausgedachte Zahl abzählen.

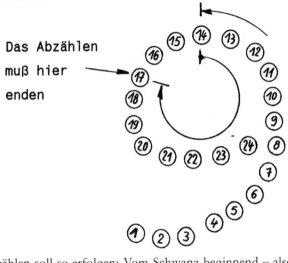

Das Abzählen

muß hier

enden

Das Abzählen soll so erfolgen: Vom Schwanz beginnend – also der Zahl 1 – gegen den Uhrzeigersinn um die Neun herum, bis das Ziel erreicht ist, in unserem Fall 30 bei der Zahl 14. Dann wieder rückwärts im Uhrzeigersinn herum: Von der letzten kleinen Kreiszahl, die er gezählt hat (in unserem Fall die 14), wieder mit 1 beginnend, bis zur gedachten Zahl. Im Ziel angekommen, merkt sich die Klasse die Zahl, die im kleinen Kreis steht. Der Lehrer dreht sich um (oder wird hereingerufen) und nennt diese Zahl. Er kann sie auch schon vorher auf die Rückseite der Tafel geschrieben haben, so daß er zur allgemeinen Verblüffung die richtige Zahl zeigen kann.

Lösung: Unabhängig von der ausgedachten Zahl endet der Zählvorgang immer an der gleichen Stelle, wenn wie beschrieben abgezählt wird – hier bei der Zahl 17. Der Lehrer probiert es selber mit einer beliebigen Zahl aus und merkt sich den Endpunkt. Soll der Trick wiederholt werden, fügt man einfach noch einige kleine Kreise an den Schwanz der Neun an …

Die Landstreicher und die Hühner

5–8   *7 Spielmarken o. ä.*

Der Lehrer legt sieben Spielmarken (Streichhölzer, Münzen o. ä.), die alle
gleich aussehen müssen, auf den Tisch. Fünf Spielmarken sollen fünf Hühner bedeuten, sie bleiben auf dem Tisch liegen. Eine einzelne Spielmarke
in jeder Hand bedeutet ein Landstreicher.
Nun stehlen die Landstreicher die Hühner eines nach dem anderen. Dabei werden
die fünf Spielmarken einzeln, einmal von der einen, dann von der anderen
Hand genommen.
*Aber die Landstreicher hören den Bauern des Weges kommen und legen die Hühner
wieder zurück.* Die fünf Spielmarken werden wieder eine nach der anderen
auf den Tisch gelegt. *Nachdem der Bauer vorübergegangen ist, ohne die Diebe zu
entdecken, schleichen sich diese wieder an die Hühner heran und stecken sie ein.* Die
Marken werden wieder wie zuvor eingesammelt.
*Jetzt beginnt sich aber einer der Landstreicher zu beschweren: Aus irgendeinem Grund
hat er nur ein Huhn* (die linke Hand wird geöffnet, und es befinden sich nur
zwei Spielmarken darin), *während der andere Landstreicher vier hat* (in der
rechten Hand liegen tatsächlich fünf Spielmarken).

Erklärung:
Wenn der Lehrer die Spielmarken zum ersten Mal einsammelt, nimmt er
die erste mit der rechten Hand. Beim Zurücklegen legt er die erste Marke
aus der linken Hand ab. Dadurch bleiben in der linken Hand keine Marken
zurück – aber der Lehrer hält trotzdem die Faust verschlossen und täuscht
so vor, daß noch eine Marke in der Faust ist. Beim erneuten Einsammeln
beginnt er wieder mit der rechten Hand. So kommen in die rechte Hand
insgesamt fünf und in die linke nur zwei Spielmarken.

2. Rätseln, rechnen, kombinieren

Schritt für Schritt

8–10   *Schülerarbeitsblatt (Kopiervorlage s. S. 48), Tafelanschrieb*

Wie heißen die zwei nächsten Ziffern jeder Reihe? Der Lehrer zeigt am Beispiel n), wie man zur Lösung kommt:

n) 4^{-1} $3^{\cdot 2}$ 6^{-1} $5^{\cdot 3}$ 15^{-1} $14^{\cdot 4}$ 56.

Die hochgestellte Lösungsreihe -1, $\cdot 2$, -1, $\cdot 3$, -1, $\cdot 4$ findet eine Fortsetzung mit -1 und $\cdot 5$. Also sind die nächsten Ziffern $56 - 1 = 55$ und $55 \cdot 5 = 275$.

Lösungen:

a)	22	25	h)	129	257	o)	28	24
b)	10	12	i)	10	12	p)	41	36
c)	29	37	j)	16	18	q)	3	12
d)	9	8	k)	29	30	r)	3	10
e)	15	7	l)	25	23	s)	5876	5836
f)	8	4	m)	22	19	t)	320	1280
g)	38	49	n)	55	275	u)	129	372

Punktrechnung geht vor Strichrechnung

6–8 (10)   *Tafelanschrieb, Schülerarbeitsblatt*
**   *(Kopiervorlage s. S. 49)***

Unter Beachtung dieser Regel soll der Schüler die fehlenden Rechenzeichen $+$, $-$, $\cdot$ und : einsetzen. Der Lehrer erläutert am Beispiel k) den Lösungsweg. $25 - 16 = 9 + 9 = 18 - 4 = 14 : 1 = 14$. Nicht immer findet man auf Anhieb das passende Vorzeichen; dann heißt es eben: probieren (siehe auch den Hinweis im Vorwort).

Lösungen:

a) $+$	f) $+ - +$	k) $- + - :$
b) $\cdot$	g) $- \cdot + :$	l) $- \cdot : \cdot$
c) $- -$	h) $- \cdot - -$	m) $\cdot \cdot \cdot + :$
d) $\cdot +$	i) $\cdot - \cdot :$	n) suche selbst
e) $: \cdot$	j) $- + - :$	o) $+ : + : + : -$

Schritt für Schritt

a)	1	4	7	10	13	16	19	_____	_____
b)	0	1	3	4	6	7	9	_____	_____
c)	1	2	4	7	11	16	22	_____	_____
d)	0	3	2	5	4	7	6	_____	_____
e)	11	12	10	13	9	14	8	_____	_____
f)	0	2	1	4	2	6	3	_____	_____
g)	1	2	4	8	13	20	28	_____	_____
h)	2	3	5	9	17	33	65	_____	_____
i)	10	7	5	9	11	6	4	_____	_____
j)	2	4	6	4	8	10	8	_____	_____
k)	2	4	1	4	9	3	21	_____	_____
l)	4	5	3	9	10	8	24	_____	_____
m)	4	6	24	12	9	11	44	_____	_____
n)	4	3	6	5	15	14	56	_____	_____
o)	0	10	9	18	16	24	21	_____	_____
p)	0	8	1	6	13	7	35	_____	_____
q)	16	15	30	10	8	24	6	_____	_____
r)	6	7	9	6	2	10	11	_____	_____
s)	4	16	6	36	16	256	226	_____	_____
t)	625	125	500	1000	200	800	1600	_____	_____
u)	9	12	21	48				_____	_____

Punktrechnung geht vor Strichrechnung

a) 1 + 1 = 2

b) 1 · 2 = 2

c) 5 − 2 − 3 = 0

d) 3 · 2 + 6 = 12

e) 8 : 2 · 3 = 12

f) 1 + 2 − 3 + 4 = 4

g) 18 − 2 · 3 + 8 : 4 = 14

h) 13 − 7 · 6 − 21 − 2 = 13

i) 4 · 3 − 11 · 100 : 10 = 10

j) 16 − 1 + 15 − 2 : 14 = 2

k) 25 − 16 + 9 − 4 : 1 = 14

l) 18 − 12 · 12 : 18 · 10 − 14 = 26

m) 26 · 25 · 8 · 15 + 30 : 18 = 4335

n) 10 8 13 6 17 6 = 25

o) 4 + 10 : 7 + 8 : 5 + 19 : 7 − 3 = 0

Einfach verblüffend

5–10   Zettel mit Gedächtnisstütze: · 5, + 2, · 4, + 3, · 5, + 7

„Denke dir eine Zahl aus. Nimm sie mit 5 mal. Zähle 2 hinzu. Nimm mit

4 mal. Zähle 3 hinzu. Nimm mit 5 mal und zähle zum Schluß noch 7 hinzu. Nenne mir das Ergebnis und ich sage dir die Zahl, die du dir gemerkt hast."

Lösung: Vom Ergebnis einfach die beiden letzten Ziffern streichen. Was übrig bleibt, ist die gedachte Zahl. Beispiel: 7

7 · 5 = 35 + 2 = 37 · 4 = 148 + 3 = 151 · 5 = 755 + 7 = 762.
Die letzten beiden Ziffern streichen: 7

Immer kommt 5 heraus

7–10   Zettel mit Gedächtnisstütze:
verdoppeln, + 10, : 2, − gedachte Zahl = 5

Wer ein gutes Gedächtnis hat, kann mit diesem Rechenkunststückchen seine
Mitspieler verblüffen:

„Denke dir eine kleinere Zahl aus und merke sie dir gut. Füge noch einmal
so viel hinzu. Zähle noch 10 dazu. Teile das ganze durch 2. Ziehe die
gedachte Zahl wieder ab."

Immer kommt als Ergebnis 5 heraus!

Beispiel: Jemand merkt sich die 6. 6 dazu ergibt 12. 10 werden addiert,
ergibt 22. Das ganze durch 2 geteilt gibt 11. Davon die gedachten 6 abziehen
und es kommt 5 als Ergebnis heraus.
Oder arithmetisch:

$$\frac{2x + 10}{2} - x = 5$$

Die Verblüffung läßt sich noch steigern, wenn der „Zauberer" ein anderes
Ergebnis als 5 erraten läßt, z. B. die 9. Dann muß er allerdings nach dem
Verdoppeln der gedachten Zahl das Doppelte von 9 (= 18) hinzuaddieren.
Ansonsten verläuft das „Rechenkunststückchen" wie schon am Anfang be-
schrieben.

Blitzrechner

7–10

Auch dieses Spiel beruht ganz auf mathematischer Grundlage und ist wir-
kungsvoll, überraschend und einfach ...
Der Lehrer fordert die Schüler auf, zwei Zahlen zwischen 1 und 10 versteckt
auf einen Zettel zu schreiben. Dann soll jeder Schüler die erste Zahl mit 2
multiplizieren und zu dem Ergebnis 5 hinzuzählen. Das ganze wird dann
mit 5 malgenommen, und zu diesem Produkt wird die zweite Zahl hinzu-
gefügt.
Der Reihe nach nennen die Schüler die Endsumme – und sofort kann der
Lehrer die beiden notierten Zahlen in der richtigen Reihenfolge nennen!

Erklärung:
Man braucht von der Endsumme nur 25 abzuziehen. Die zwei Ziffern der sich ergebenden Zahl sind zugleich die notierten Zahlen.
Ein Beispiel: Angenommen ein Schüler schreibt sich die Zahlen 3 und 7 auf, so ist $(3 \cdot 2 + 5) \cdot 5 + 7 = 62$

62 minus 25 ist 37. 3 ist also die erste, 7 die zweite Zahl.

Algebraische Ableitung:

a sei die erste, b die zweite Zahl. Dann gilt:

$$(2a + 5) \cdot 5 + b = 10a + 25 + b$$
$$10a + b + 25 - 25 = 10a + b$$
$$10 \cdot 3 = 30$$
$$1 \cdot 7 = 7$$

Suchen, finden, freuen

10   Merkzettel, Tafelanschrieb

Aufgabe 1

a) 5   4   1
b) 8   9   3
c) 13   11   ?

Zeile a), b) und c) sind nach einem bestimmten System angeordnet. Welche Ziffer gehört an die Stelle des Fragezeichens?

Lösung:
6. Die Summen der Zeilen a) und b) nehmen um jeweils 10 zu. Damit Zeile 10 die Summe 30 ergibt, muß noch die 6 gesetzt werden.

Aufgabe 2

a) 4   3   3
b) 2   2   18
c) 12   1   ?

Lösung:
12. Das Produkt der Zeilen a) und b) nimmt um das Doppelte zu. Damit Zeile c) 144 ergibt, setze die 12.

Aufgabe 3

77 49 36 18 ?

Lösung:
8. Denn $7 \cdot 7 = 49$ und $4 \cdot 9 = 36$ und $3 \cdot 6 = 18$ und $1 \cdot 8 = 8$.

Hundert siegt

8–10 *Merkzettel*

Eine Abzählerei, die man zu zweit spielt. Der erste nennt eine beliebige Zahl zwischen 1 und 10. Dann ist der zweite an der Reihe und zählt eine Zahl zwischen 1 und 10 zur erstgenannten hinzu. Nun addiert wieder der erste eine Zahl zwischen 1 und 10 zur bisherigen Summe und so weiter. Wer zuletzt die Zahl 100 erreicht, hat gewonnen. Wie kann man das Spiel immer gewinnen?

Lösung:
Es gibt eine Möglichkeit, das Spiel immer zu gewinnen. Man muß nur als erster die Zahl 89 ansagen. Um mit Sicherheit auf die 89 zu kommen, sollte man im Laufe des Spieles eine dieser Summen nennen: 78, 67, 56, 45, 34, 23 oder 12 und dann auf dieser Elferleiter hochklettern. Leichtes Spiel hat man, wenn man selbst mit der Zahl 1 beginnt. Der nächste kann dann höchstens bis 11 gehen. Man erhöht auf 12 und läßt sich nicht mehr von der Elferleiter verdrängen.

Hundert verliert

8–10

Man kann das Spiel umdrehen und denjenigen verlieren lassen, der zuerst hundert sagt oder darüber hinaus kommt. In diesem Fall gewinnt man immer, wenn der Mitspieler anfängt. Dann muß man sofort auf 11 erhöhen und die Elferleiter 22, 33, 44 ... nicht mehr verlassen. Hat man die Möglichkeit, 99 anzusagen, ist das Spiel gewonnen.

Das große Einmaleins

Früher mußten die Schüler das große Einmaleins auswendig lernen. Es war eine mühevolle Angelegenheit, denn man mußte 100 verschiedene Produkte im Gedächtnis speichern. Wer sich nicht die Mühe des Auswendiglernens machen wollte, rechnete im Kopf $17 \cdot 18$ so:

$$10 \cdot 17 = 170$$

$$8 \cdot 10 = 80$$

$$8 \cdot 7 = 56 \quad \text{und } 170 + 80 + 56 = 306.$$

Man mußte also dreimal multiplizieren und die drei Produkte zusammenzählen. Es gibt aber eine einfachere Methode:

$$17 \cdot 18 = ?$$

$$17 + 8 = 25 \quad \text{Null an die 25: 250.}$$

$$7 \cdot 8 = 56 \text{ dazuzählen} = 306.$$

Noch ein Beispiel: $13 \cdot 19 = ?$

$$13 + 9 = 22 \quad \text{Null an die 22} = 220$$

$$220 + 3 \cdot 9 = 247$$

Schnelles Kubikwurzelziehen

10   Tafelanschrieb

Jetzt wird ein erstaunliches Kunststück beschrieben: Ein Schüler nennt die dritte Potenz einer Zahl (z. B. 19683), und der Lehrer nennt sofort die Zahl, die zur 3. Potenz erhoben wurde (z. B. 27)!

Man beginnt die Vorführung damit, einen Schüler aufzufordern, sich eine Zahl zwischen 1 und 100 zu denken, sie zur dritten Potenz zu erheben und das Ergebnis bekanntzugeben. Sind Zahlentafeln zur Hand, kann der Schüler die Kubikzahlen auch ablesen. Der Lehrer gibt sofort zu jeder Zahl die Kubikwurzel an. Um den Trick ausführen zu können, muß man sich nur die Kubikwerte der Zahlen von 1 bis 10 merken:

1	1	5	125	9	729
2	8	6	216	10	1000
3	27	7	343		
4	64	8	512		

Die Tabelle zeigt, daß jede Kubikzahl eine andere Einerziffer hat. In allen Fällen – außer bei der 2, 3, 7 und 8 – entspricht diese Ziffer der Kubikwurzel. In den vier Ausnahmefällen ist die Einerziffer die Differenz zu 10.

Wir nehmen an, daß ein Schüler die Kubikzahl 250047 nennt. Die Einerziffer ist die 7, also weiß der Lehrer sofort, daß die letzte Ziffer der Kubikwurzel eine 3 sein muß. Die erste Ziffer der Kubikwurzel wird folgendermaßen bestimmt: Man läßt die letzten drei Ziffern der Kubikzahl weg (unabhängig von der Größe der Zahl) und betrachtet die restlichen Ziffern – in unserem Beispiel 250. Wie aus der Kubikzahltabelle zu entnehmen ist, liegt 250 zwischen den Kubikzahlen 6 (216) und 7 (343). Die niedrigere der zwei Ziffern ist die Zehnerziffer der gesuchten Kubikzahl.

Die richtige Lösung ist also 63.

4 = 5. Eine binomische Zauberei

10   Tafelanschrieb

Mit diesem Zahlenspiel zeigt der Lehrer einem unkritischen Schüler, daß die Mathematik doch nicht zu den exakten Wissenschaften gehört. Er behauptet: 4 = 5. Dem geübten Mathematiker fällt der Fehler allerdings recht schnell auf.

$$-20 = -20$$
$$16 - 36 = 25 - 45$$
$$4^2 - 36 = 5^2 - 45$$
$$4^2 - 8 \cdot \frac{9}{2} = 5^2 - 10 \cdot \frac{9}{2}$$
$$4^2 - 2 \cdot 4 \cdot \frac{9}{2} = 5^2 - 2 \cdot 5 \cdot \frac{9}{2}$$

Auf beiden Seiten $\left(\frac{9}{2}\right)^2$ addieren:

$$4^2 - 2 \cdot 4 \cdot \frac{9}{2} + \left(\frac{9}{2}\right)^2 = 5^2 - 2 \cdot 5 \cdot \frac{9}{2} + \left(\frac{9}{2}\right)^2$$

Binomische Formel anwenden: $(a - b)^2 = a^2 - 2ab + b^2$

$$\left(4 - \frac{9}{2}\right)^2 = \left(5 - \frac{9}{2}\right)^2$$

Auf beiden Seiten die Wurzel ziehen:

$$4 - \frac{9}{2} = 5 - \frac{9}{2}$$

Auf beiden Seiten $\frac{9}{2}$ addieren:

$$4 = 5$$

Wo liegt der Fehler?

Bevor die Lösung verraten wird, soll ein kleiner Kartentrick auf die Sprünge helfen (diesen Trick sollte man nur zu vorgerückter Stunde zeigen):

Der „Zauberer" präpariert ein Skatblatt, indem er die Karo Sieben oben auf das Spiel und die Herz Acht nach unten legt. Dann bittet er einen Mitspieler, die Karten Herz Sieben und Karo Acht, die überall herumgezeigt werden, zwischen die übrigen Spielkarten zu legen. Der Zauberer ordnet das Blatt und zieht blitzschnell mit einer Hand zwischen Daumen und Zeigefinger die oberste und unterste Karte hervor und zeigt sie dem verblüfften Publikum. Es sind natürlich die falschen Karten, die gezeigt werden: statt der Herz Sieben die Karo Sieben und statt der Karo Acht die Herz Acht. Aber wer achtet schon so genau darauf ...

So auch bei unserem Rechentrick: Einmal wird für a die 4 und auf der anderen Seite der Gleichung die 5 gesetzt, während b auf beiden Seiten $\frac{9}{2}$ ist.

7 = 5. Wo liegt der Fehler?

a) $7 = 5 + 2$
b) $7 (7 - 5) = (5 + 2) (7 - 5)$
c) $49 - 35 = 35 + 14 - 25 - 10$
d) $49 - 35 - 14 = 35 - 25 - 10$
e) $7 (7 - 5 - 2) = 5 (7 - 5 - 2)$
f) $7 = 5$

Nanu? In welcher Zeile steckt der Fehler? Erste Hilfe: in Zeile e). Warum? Der Klammerausdruck $(7 - 5 - 2)$ ergibt 0. Eine Division durch 0 ist nicht zulässig; sie führt zu einem unbestimmten Ergebnis.

Der Streit um acht Käslein

Zwei Schäfer saßen eines Abends nach getaner Arbeit am Wegrand und packten aus, was sie zu essen hatten: Der eine hatte fünf, der andere drei Käslein. Als sie gerade mit dem Mahl beginnen wollten, kam ein Wanderer des Weges. Er war sehr hungrig, und als er die Käslein sah, fragte er die Schäfer, ob er nicht mithalten dürfe, er wolle für das Essen auch gut bezahlen.

Die beiden Schäfer waren einverstanden und teilten die acht Käslein so auf, daß jeder gleich viel essen konnte. Als sie fertig waren, zog der Wanderer acht Markstücke aus der Tasche, gab sie den freundlichen Schäfern und sagte, sie sollten das Geld so gerecht teilen wie die Käslein.

Aber kaum war der Gast verschwunden, da gerieten die beiden über die Teilung in Streit. Der eine, der fünf Käslein hatte, sagte: „Laß uns redlich teilen, du vier Mark und ich vier Mark. Da ich aber zwei Käslein mehr gestiftet habe als du, bekomme ich noch zwei Mark von dir. Macht also zwei Mark für dich und sechs für mich."

Damit war aber der andere nicht einverstanden: „Du hast fünf Käslein gehabt und ich drei, also bekomme ich drei und du fünf Mark."

Es wurde Nacht, und die beiden hatten sich noch immer nicht geeinigt. So beschlossen sie, am nächsten Tag einen Richter aufzusuchen, der Recht sprechen sollte. Der Richter hörte sich die Geschichte an, nahm Zettel und

Bleistift, rechnete nach und verkündete, was rechtens war: Der mit den drei Käslein bekommt eine und der andere mit den fünf Käslein sieben Mark. Wie kam der Richter zu diesem Urteil?

Lösung:
Von den acht Käslein erhielt jeder den dritten Teil, also acht Drittel oder zwei Ganze und zwei Drittel. Für jedes Drittel, das der Wanderer gegessen hatte, bezahlte er eine Mark. Da er acht gegessen hatte, bezahlte er also acht Mark.
Der Schäfer, der die fünf Käslein hatte, konnte diese in 15 Drittel teilen. Davon gab er sieben ab. Der andere Schäfer konnte nur neun Drittel herstellen, von denen er nur ein Drittel abgab. Also bekommt der erste Schäfer für seine sieben Drittel sieben Mark und der andere für das eine Drittel eine Mark.

Arbeitslose Professoren

10

Drei Professoren bewerben sich um eine Anstellung an einer Universität. Der Prüfungsvorsitzende teilt ihnen folgendes mit:

„Ich werde jedem von Ihnen, meine Herren, einen blauen oder einen weißen Punkt auf die Stirn malen. Sobald Sie einen weißen Punkt auf der Stirn eines Kollegen sehen, heben Sie bitte die rechte Hand. Und wenn Sie Ihre eigene Farbe herausbekommen haben, senken Sie die Hand.“

Er versieht alle drei Professoren mit einem weißen Punkt, und natürlich heben alle die Hände. Kurz darauf läßt Professor A die Hand sinken und erklärt: „Ganz klar, ich muß einen weißen Punkt haben.“

„Woher wissen Sie das?“ fragt der Vorsitzende. Mit seiner Begründung ergattert Professor A den Posten. Wie kann er beweisen, daß er einen weißen Punkt haben muß? Es gibt natürlich keine Spiegel im Raum.

Begründung:
Nennen wir die beiden anderen Professoren B und C. Professor A folgert so: „Angenommen, mein Punkt ist blau. Dann muß Professor B sofort erkennen, daß seiner weiß ist, denn warum hebt sonst Professor C seine Hand? Da aber Professor B seine Hand nicht gesenkt hat, kann meine Annahme nicht stimmen. Demnach ist mein Punkt weiß.“

Wo ist die Mark?

Zwei Eierhändler verkaufen regelmäßig je 30 Eier. Der eine verkauft drei Stück für eine Mark, der andere verkauft zwei Stück für eine Mark.

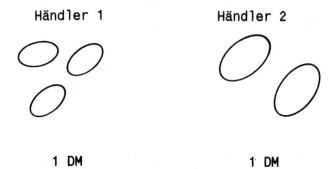

Eines Tages mußte der eine Händler den anderen bitten, seine 30 Eier mit zu verkaufen. Er könnte dann ja jeweils 5 Eier für 2 DM anbieten.

Der Erlös aus dem Verkauf aller 60 Eier betrug 12 mal 2 DM = 24 DM. Bei getrennten Geschäften hingegen hätte der eine 10 DM, der andere 15 DM eingenommen, also zusammen 25 DM. Das ist aber 1 DM mehr!

Wie ist das Fehlen dieser einen Mark zu erklären?

Lösung:
Aus 30 billigen und 20 teuren Eiern wurden zehnmal fünf Eier (10mal drei billige und 10mal zwei teure) zusammengestellt und für zehnmal zwei DM verkauft. Das sind insgesamt 20 DM.
Als Rest bleiben aber zehn Eier, die sonst für insgesamt fünf DM verkauft worden wären (je zwei für eine DM). Jetzt wurden sie aber zu je fünf Stück für zwei DM, zusammen also vier DM verkauft. Dabei wurde jedes Stück zehn Pfennig zu billig verkauft.

Hase und Schildkröte

10   *Tafelbild*

Eine Schildkröte fordert einen Hasen zu einem Wettlauf über 100 Meter heraus. Der Hase kann zehnmal schneller laufen als die Schildkröte. „Wenn du mir zehn Meter Vorsprung gibst, wirst du mich niemals einholen," sagt die Schildkröte zum Hasen.
Das Rennen beginnt. Als der Hase dort angelangt ist, wo die Schildkröte gestartet ist, hat diese 1 Meter zurückgelegt. Der Hase läuft diesen einen Meter und die Schildkröte in dieser Zeit 1/10 Meter. Der Hase bringt auch diese 10 cm hinter sich und die Schildkröte entsprechend 1/100 Meter.
Kann der Hase die Schildkröte überhaupt einholen? Wird es unter diesen Bedingungen nicht unendlich lange dauern?

Lösung:
Die Geschwindigkeit der Schildkröte soll v betragen und s der von der Schildkröte zurückgelegte Weg. Die Geschwindigkeit des Hasen ist dann $10 \cdot v$ und der zurückgelegte Weg d + s, wenn d der Vorsprung der Schildkröte ist.

Zeit = Weg : Geschwindigkeit oder $t = \dfrac{s}{v}$

Der Hase braucht $t = \dfrac{d}{10v} + \dfrac{s}{10v}$, um die Schildkröte einzuholen. In dieser Zeit legt die Schildkröte den Weg $s = v \cdot t$ zurück. Da die Zeit t in beiden Fällen gleich ist, beträgt der Weg s bis zum Einholen der Schildkröte:

$$s = v \left(\frac{d}{10v} + \frac{s}{10v} \right)$$

$$s = \frac{d}{10} + \frac{s}{10}$$
$$9s = d$$
$$s = \frac{10}{9} \text{ m} = 1{,}11 \text{ m.}$$

Der Hase holt die Schildkröte nach 10 m + 1,11 m = 11,11 m ein.
Man muß die Aufgabe als eine auf das Ziel gerichtete fortlaufende Bewegung betrachten und nicht als eine Abfolge isolierter Vorrückphasen. Denn wenn die Entfernungsbruchstücke immer kleiner werden und die dafür benötigte Zeit immer kürzer, bewegen sich beide Tiere bald nicht mehr, und das steht im Widerspruch zur gestellten Aufgabe.

Der Förster und sein Hund

9–10   *Tafelanschrieb*

Der Förster verläßt mit seinem Hund die Waldhütte. Bis zum Dorf sind es
fünf Kilometer, und soviel legt der Förster auch in einer Stunde zurück.
Sein Hund startet gleichzeitig mit ihm, ist aber dreimal so schnell. Er rennt
seinem Herrn voraus bis zum Dorf, dreht um und rennt wieder zurück.
Und zwar so weit, bis er seinen Herrn trifft, der ja inzwischen auch ein
Stück weitergegangen ist. So jagt der Hund in immer kürzer werdenden
Strecken zwischen Dorf und Herrchen hin und her. Zum Schluß treffen
beide gleichzeitig im Dorf ein.
Der Jäger hat nur 5 km zurückgelegt. Aber welche Strecke ist wohl der
Hund gelaufen?

Lösung:
15 Kilometer, denn er ist ja dreimal so schnell.
Weg s = Zeit t · Geschwindigkeit v.
Da die Zeit für Hund und Jäger die gleiche ist, nämlich eine Stunde, gilt:

$$s = 1\ h \cdot 15\ \frac{km}{h} = 15\ km.$$

Schulden

7–10   *Tafelanschrieb*

Fritz hat bei Gerd 24 DM Schulden. Gerd schuldet Michael 34 DM. Michael
hat wiederum bei Fritz 28 DM Schulden. Wie können am einfachsten alle
Schulden beglichen werden?

Lösung:
Gerd zahlt an Fritz 4 und an Michael 6 DM.

Herrenfahrrad – Kinderfahrrad

9–10   *Tafelbild, Zirkel*

Vater und Sohn fahren auf zwei Fahrrädern mit gleicher Geschwindigkeit nebeneinander her. Der Vater benutzt ein Herrenrad mit großen Rädern, der Sohn ein Kinderrad mit kleinen Rädern.
Beide Räder haben den gleichen Dynamotyp und die gleiche Glühbirne in der Fahrradlampe. Welche Lampe leuchtet heller, die vom Vater oder die vom Sohn?

Antwort:
Beide Lampen leuchten gleich hell. Wenn die Fahrräder die gleiche Geschwindigkeit haben, muß auch die Umfangsgeschwindigkeit der Laufräder gleich groß sein:

$$v_u \text{ (großes Rad)} = v_u \text{ (kleines Rad)}$$

Die Umfangsgeschwindigkeit v_u ist gleich dem zurückgelegten Weg mal der Drehzahl n, also $v_u = d \cdot \pi \cdot n$ (mit d als Raddurchmesser).

$$d_1 \cdot \pi \cdot n_1 = d_2 \cdot \pi \cdot n_2$$

Da d_1 größer ist als d_2, muß im gleichen Verhältnis die Drehzahl vom kleinen Rad größer sein als die Drehzahl vom größeren Rad. Beide Dynamos werden mit der gleichen Umfangsgeschwindigkeit angetrieben, drehen also mit der gleichen Drehzahl und erzeugen den gleichen Strom.

Glücksspiel

Viermal hintereinander verdreifachte sich Sonjas Gewinn. Wieviel hat sie das erste Mal gesetzt, wenn sie nun 3240 DM besitzt?

Lösung: 40 DM

x	$\rightarrow$ Einsatz am Anfang
$x \cdot 3 \cdot 3 \cdot 3 \cdot 3$	$\rightarrow$ Betrag nach vier Einsätzen = 3240 DM

$$x \cdot 3^4 = 3240$$
$$x \cdot 81 = 3240$$
$$x \quad = 3240 : 81$$
$$\underline{x \quad = 40 \text{ DM}}$$

Durchschnittsgeschwindigkeit

Ein Rennfahrer will auf einem Rundkurs von 1 km Länge zwei Runden fahren. Die erste Runde fährt er mit einer Durchschnittsgeschwindigkeit von 60 km/h. Mit welcher Geschwindigkeit muß er die zweite Runde drehen, wenn er für beide Runden die geforderte Durchschnittsgeschwindigkeit von 120 km/h herausholen will?

Lösung:
Der Rennfahrer kann noch so schnell fahren, er wird nie die geforderte Durchschnittsgeschwindigkeit von 120 km/h schaffen.
Viele Schüler versuchen die Aufgabe so zu lösen:

x	Geschwindigkeit der zweiten Runde
v_1	Geschwindigkeit der ersten Runde = 60 km/h
$(v_1 + x) : 2$	Durchschnittsgeschwindigkeit = 120 km/h

$$120 = (60 + x) : 2$$
$$x = 240 - 60$$
$$x = 180 \text{ km/h}$$

Diese Rechnung ist aber falsch. Der Rennfahrer muß insgesamt s = 2 Kilometer fahren und soll dabei eine Durchschnittsgeschwindigkeit von v = 120 km/h schaffen. Welche Zeitspanne t benötigt er dafür?

$$t = \frac{s}{v}$$

$$t = \frac{2km}{120 \ km/h}$$

$$t = 2 \ km \cdot \frac{60 \ min}{120 \ km}$$

$$t = 1 \ \text{Minute}$$

Er müßte also die zwei Kilometer in einer Minute fahren. Für die erste Runde hat er aber bereits eine Minute verbraucht,

$$\text{denn } t = \frac{s}{v} \qquad t = \frac{1 \ km}{60 \ km/h} \qquad t = 1 \ \text{Minute.}$$

Die zweite Runde müßte er unendlich schnell fahren.

Aus dem Geschäftsleben

9–10   *Tafelanschrieb*

Drei Freunde mieten sich ein Segelboot für einen Wochenendausflug. Jeder beteiligt sich mit 100 DM an der Miete. Nach der Rückkehr bezahlen sie dem Vermieter 300 DM.

Der Vermieter möchte die drei Freunde als Kunden gern behalten. Er gibt seinem Sohn 50 DM mit dem Auftrag, diese an die drei Freunde zurückzuzahlen.

Der Sohn steckt aber selbst 20 DM in die eigene Tasche und gibt jedem nur 10 DM zurück. So hat jeder der drei Freunde nur 90 DM bezahlt, zusammen also 270 DM Miete. Der Sohn hat 20 DM eingesteckt, das macht zusammen 290 DM. Wo sind die restlichen 10 DM geblieben?

Lösung:
Die Fragestellung ist irreführend, so daß keine Lösung möglich ist. Man darf – aus der Sicht des Vermieters, der hinter den Schwindel gekommen ist – nur so rechnen: 250 DM habe ich erhalten. 20 DM hat mein Sohn in der Tasche. Macht zusammen 270 DM. Jeder der drei Freunde hat demnach 90 DM bezahlt.

Flasche und Korken

10   *Tafelanschrieb*

Eine Flasche und ein Korken kosten zusammen 1,10 DM. Die Flasche ist um eine Mark teurer als der Korken. Frage: Wieviel kostet der Korken?

Lösung:
Der Korken kostet 5 Pfennig. Die Flasche ist um eine Mark teurer, kostet also 1,05 DM. Oder als Gleichung mit x = Preis des Korkens:

$$x + (x + 100) = 110$$
$$2x = 10$$
$$x = 5$$

Das arme Schaf

10   *Tafelanschrieb*

Ein Löwe, ein Wolf und ein Hund fressen gemeinsam ein Schaf. Der Löwe allein würde das Schaf in einer Stunde fressen, der Wolf bräuchte vier Stunden dafür und der Hund sechs Stunden. Wann sind sie fertig, wenn alle drei gemeinsam fressen?

Lösung:
Ein anderes Beispiel soll die Lösung verständlich machen: Sechs Arbeiter sollen einen großen Sandhaufen wegschaufeln. Ein Arbeiter allein braucht dafür 1 Stunde. Welche Zeit wird für das Wegschaufeln benötigt? Ganz einfach:

$$x = \frac{60 \text{ Minuten}}{1 + 1 + 1 + 1 + 1 + 1} = \frac{60 \text{ Minuten}}{6} = 10 \text{ Minuten.}$$

Das Beispiel wird etwas verändert: Drei von den sechs Arbeitern sind schon sehr alt. Allein brauchen sie für den Sandhaufen zwei Stunden. Welche Zeit wird nun für das Wegschaufeln benötigt?

$$x = \frac{60 \text{ Minuten}}{1 + 1 + 1 + \frac{1}{2} + \frac{1}{2} + \frac{1}{2}} = \frac{60 \text{ Minuten}}{9/2} = 13\tfrac{1}{3} \text{ Minuten.}$$

Immer noch zu verstehen. Und nun zu dem armen Schaf. Der Wolf frißt 1/4 so schnell und der Hund 1/6 so schnell wie der Löwe.

$$x = \frac{60 \text{ Minuten}}{1 + 1/4 + 1/6} = \frac{60 \text{ Minuten}}{17/12}$$

x = 42 Minuten und 21,2 Sekunden

Ein Seil um die Erde

9–10   *Tafelanschrieb, Zirkel*

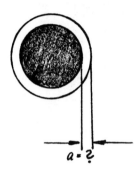

Unsere Erde hat annähernd eine Kugelgestalt. Der Erdumfang am Äquator beträgt 40 000 km oder 40 Millionen Meter. Nun stellen wir uns vor, jemand legt ein Seil von 40 000 km Länge so am Äquator um die Erde, daß das Seil aufliegt. Dann verlängern wir (in Gedanken) das Seil um einen Meter, so daß es jetzt eine Länge von 40 000 001 Meter hat. Kann jetzt eine Ameise zwischen Erdkugel und Seil hindurch? Oder etwa ein großer Hund? Wie groß ist der Zwischenraum?

Lösung:
Der Radius der Erde beträgt etwa $R_1 = 6\,400\,000$ Meter. Nennen wir den Abstand zwischen Seil und Erdoberfläche a, beträgt der Seilradius $R_2 = R_1 + a$ oder $6\,400\,000 + a$. Der Umfang der Erde sei U_1, der des Seiles U_2. Dann ist

$$U_1 = 2\,R_1 \cdot \pi \quad \text{und} \quad U_2 = 2\,R_2 \cdot \pi$$

$$\text{oder } U_2 = 2\pi(R_1 + a)$$

$$U_2 - U_1 = 1 \text{ m}$$

$$2\pi(R_1 + a) - 2R_1\pi = 1 \text{ m}$$

$$2a\pi = 1 \text{ m}$$

$$a = 16 \text{ cm}$$

Es kann also bequem ein kleiner Hund durch den Zwischenraum laufen. Dieses Ergebnis ist von der Größe der Erdkugel unabhängig, wie aus der vorletzten Zeile der Gleichung abzulesen ist. Wir könnten ebensogut ein Seil um einen Suppenteller legen und den Umfang um einen Meter vergrößern – der Wert für a bleibt immer 16 cm.

Gesetzt den Falz

8–10   *Großes Stück Papier*

Läßt sich ein Papierbogen, wenn er nur groß und dünn genug ist, fünfzig mal falten? Du kannst in Gedanken das Papier so groß wählen, wie du willst, zum Beispiel tausend Kilometer breit und ebenso lang und ein Zehntel Millimeter dick. Läßt es sich dann fünfzig mal falten? Vielleicht mit Hilfe von Ballons, Hubschraubern und Dampfwalzen? Überlege gut, ehe du mit ja oder nein antwortest, denn das Resultat ist sehr verblüffend.

Lösung:

Die Frage ist eindeutig mit nein zu beantworten. Nach dem ersten Falz liegt das $\frac{1}{10}$ mm dicke Papier doppelt, nach dem zweiten vierfach, nach dem dritten achtfach und nach dem siebten Falz schon über einen Zentimeter dick. Nach 15 Falzungen haben die Lagen eine Höhe von $2^{15} \cdot 0{,}1$ mm = 3,3 m – immer noch nicht beängstigend.

Beim 30. Falz aber ist der Papierberg schon über 100 Kilometer hoch, nach 40 Falzungen weit über 10000 Kilometer und nach 50 Falzungen wäre man etwa auf halber Strecke zum Mond angelangt. Die Grundfläche wäre mittlerweile auf etwa einen Quadratmeter geschrumpft.

Wann ist er voll?

6–10

Ein Teich wächst in 20 Tagen mit Seerosen zu. Jeden Tag vermehrt sich die zugewachsene Fläche genau um das Doppelte. Nach welcher Zeit ist der See zur Hälfte zugewachsen?

Lösung:

Nach 19 Tagen ist er halbvoll und nach 20 Tagen ist er voll, wenn sich die Fläche jeden Tag verdoppelt.

Ohrringe

10

In einem Schubfach liegen 18 gleichartige silberne und 18 gleichartige goldene Ohrringe.

Wie viele Ohrringe braucht man höchstens herausnehmen – natürlich, ohne hineinzuschauen – bis man mindestens ein passendes Paar in den Händen hat?

Wie viele Ohrringe braucht man höchstens herausnehmen, bis man mindestens fünf passende Paare in den Händen hat?

Lösung:
Zu einem passenden Paar drei Ohrringe, zu fünf Paaren 11 Ohrringe, nämlich stets einen mehr als die doppelte Anzahl der benötigten Paare.

Das Wiegen ist des Bauern Lust

10   *Tafelbild*

Bauer Adam besitzt einen alten Mühlstein von 40 kg Masse. Eines Tages fällt das Ding um und zerbricht in vier Stücke. Zu seiner Freude entdeckt Bauer Adam, daß er mit Hilfe dieser vier Stücke jede Menge Mehl von 1 bis 40 kg Masse auswiegen kann.

Welche Masse hat jedes Mühlsteinstück?

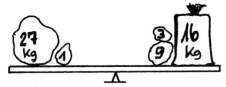

Lösung:
Die Reihe lautet: 1 – 3 – 9 – 27. Mit einem 1 kg und einem 3 kg-Stück kann er folgende Massen bestimmen: 1, 3 – 1 = 2, 3, 3 + 1 = 4 Kilogramm. Mit einem 1-, 3- und 9 kg-Stück kann er alle Massen bis 13 Kilogramm messen. Wenn man ein 14 kg-Stück in drei Teile zerlegt, können nicht alle Massen bis 14 kg gemessen werden. Man erkennt in der Reihe 1 – 3 – 9 ... die Reihe der Kubikzahlen. Die nächste Zahl ist daher die 27.

Feierabend

10   *Tafelanschrieb*

Ein Mann versäuft seinen Tageslohn folgendermaßen:
Er geht in die erste Kneipe, gibt dem Portier 1 DM, versäuft vom Rest die Hälfte, gibt dem Kellner 1 DM und geht raus.
In der nächsten Kneipe dasselbe: Der Portier bekommt 1 DM, die Hälfte von dem Geld, das er noch hat, wird versoffen, der Kellner bekommt 1 DM.
In der dritten Kneipe dasselbe. In der vierten schließlich gibt er dem Portier 1 DM, versäuft die Hälfte, gibt dem Kellner 1 DM und ist pleite. Wieviel Geld hat er am Anfang gehabt?

Lösung $= 45$ DM

x $\longrightarrow$ Tageslohn

$$\frac{x-1}{2} - 1 = \frac{x-1}{2} - \frac{2}{2} = \frac{x-3}{2} \text{ nach der ersten Kneipe}$$

$$\frac{\frac{x-3}{2} - 1}{2} - 1 = \frac{x-5}{4} - 1 = \frac{x-9}{4} \text{ nach der zweiten Kneipe}$$

$$\frac{\frac{x-9}{4} - 1}{2} - 1 = \frac{x-13-8}{8} = \frac{x-21}{8} \text{ nach der dritten Kneipe}$$

$$\frac{\frac{x-21}{8} - 1}{2} - 1 \text{ nach der vierten Kneipe} = 0. \text{ Das Geld ist alle.}$$

$$\frac{x-29}{16} - 1 = 0 \quad x - 29 - 16 = 0 \quad \mathbf{x = 45}$$

Aus fünf und drei wird eins

8–10 *Tafelbild*

Zur Verfügung stehen ein Dreilitergefäß und ein Fünflitergefäß. Aus einer größeren Wassermenge sollen genau ein Liter abgemessen werden. Wie muß man vorgehen?

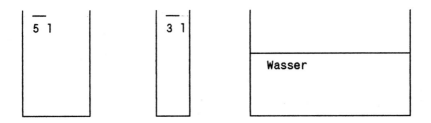

Lösung:
Zuerst wird das Dreilitergefäß gefüllt. Dann werden die drei Liter in das Fünflitergefäß umgefüllt. Man füllt erneut das Dreilitergefäß mit Wasser und schüttet es in das Fünflitergefäß um.
Um das Fünflitergefäß aufzufüllen, bleibt noch ein Liter im Dreilitergefäß zurück.

Die drei Krüge

Ein Winzer hat einen vollen Krug mit acht Litern Wein und zwei leere Krüge, von denen einer genau fünf und der andere drei Liter faßt.

Nun kommt ein Kunde, der genau vier Liter Wein kaufen möchte. Der Winzer hat aber keine anderen Hilfsmittel als seine drei Krüge, um den Wein abzumessen. Wie oft muß er den Wein von einem Krug in einen anderen gießen, um schließlich in einem Krug vier Liter zu haben? Wie muß er vorgehen?

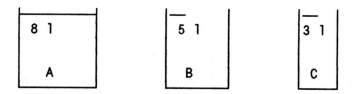

Der Winzer muß insgesamt sechsmal von einem in einen anderen Krug umfüllen.

	A	B	C
Anfang	8	0	0
1	3	5	0
2	3	2	3
3	6	2	0
4	6	0	2
5	1	5	2
6	1	4	3

Weinpanscherei

Von zwei gleich großen Fässern ist eines mit Rotwein, das andere mit Weißwein gefüllt. Ein Winzer nimmt einen kleinen Krug, füllt ihn mit Rotwein und schüttet den Inhalt in den Weißwein.

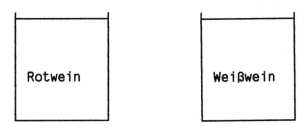

Dann wird der Weißwein mit dem kleinen Rotweinanteil gut gemischt. Der Winzer nimmt wieder den Krug, füllt ihn mit dem Weißwein-Rotweingemisch und schüttet den Inhalt in das Rotweinfaß zurück. In welchem Faß sind mehr Fremdanteile?

Lösung:
In beiden Fässern sind gleich viele *Fremdanteile*, also in dem Rotweinfaß ist die gleiche Menge Weißwein enthalten wie in dem Weißweinfaß Rotwein. Mit einem Zahlenbeispiel läßt sich der Beweis leicht führen. Wir nehmen je 10 l Rotwein (R) und 10 l Weißwein (W) an. Der kleine Krug soll 1 l fassen.

Anfang: 10 R und 10 W

1. Schritt: 10 R − 1 R = 9 R im Rotweinfaß

2. Schritt: 10 W + 1 R im Weißweinfaß

3. Schritt: Im 1 l-Krug sind: $\dfrac{1}{11}(10\ W + 1\ R) = \dfrac{10}{11}W + \dfrac{1}{11}R$

4. Schritt: Im Rotweinfaß: $9\ R + \left(\dfrac{10}{11}W + \dfrac{1}{11}R\right)$

$$\text{Im Weißweinfaß: } 10\ W - \left(\dfrac{10}{11}W + \dfrac{1}{11}R\right)$$

Im Rotweinfaß: $9\ R + \dfrac{1}{11}R + \dfrac{10}{11}W = \dfrac{100}{11}R + \mathbf{\dfrac{10}{11}W}$

Im Weißweinfaß: $10\ W - \dfrac{10}{11}W - \dfrac{1}{11}R + 1\ R = \dfrac{100}{11}W + \mathbf{\dfrac{10}{11}R}$

Die schwere Kugel

10   *Tafelbild*

Von acht gleich großen Kugeln ist nur eine etwas schwerer und alle anderen
sieben gleich schwer. Rein äußerlich sind jedoch alle acht Kugeln gleich.
Nun soll man auf einer Balkenwaage mit zwei Waagschalen in höchstens
zwei Wiegevorgängen die schwerere Kugel mit Bestimmtheit herausfinden.
Wie wird das wohl gemacht?

Lösung:
Man legt drei Kugeln auf die linke und drei auf die rechte Waagschale. Ist
die Waage im Gleichgewicht, kann sich die schwerere Kugel nur noch unter
den restlichen zwei Kugeln befinden. Eine weitere Wägung schafft dann
Klarheit.

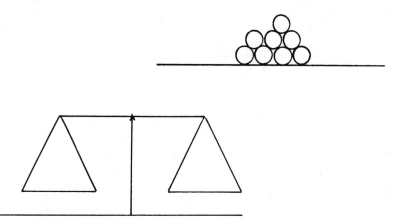

Ist die Waage nicht im Gleichgewicht, befindet sich die schwerere Kugel
in der geneigten Waagschale. Bei der nächsten Wägung werden zwei von
den drei Kugeln aus der geneigten Schale erneut gewogen. Bleibt die Waage
im Gleichgewicht, ist die nicht gewogene Kugel die schwerere. Senkt sich
die Waage, ist dort die schwerere zu finden.

Auch das folgende Problem läßt sich lösen: Von neun gleich großen Kugeln
ist eine etwas schwerer. Auch sie soll man bei nur zwei Wägungen mit
Bestimmtheit herausfinden.

Erst denken, dann handeln

10   *Folie auf OHP*

Wenn man diesen Grundsatz beherzigt, ist folgende Aufgabe gar nicht so schwer zu lösen: In zehn Behältern befinden sich gleich viele Kugeln, die alle das gleiche Aussehen haben. Sie unterscheiden sich aber in einer Eigenschaft: Die Kugeln in neun Behältern haben je eine Masse von 9 Gramm, die Kugeln in *einem* Behälter eine Masse von zehn Gramm.

Nun soll mit Hilfe einer Dezimalwaage mit *einer einzigen Wägung* herausgefunden werden, in welchem der zehn Behälter sich die schwereren Kugeln befinden.

Lösung:

Man numeriert die Behälter 1 bis 10 durch und entnimmt dem ersten Behälter eine Kugel, dem zweiten Behälter zwei, dem dritten drei und so fort. Dem neunten Behälter werden also neun Kugeln entnommen und dann alle 45 Stück auf die Waage gelegt.

Zeigt die Waage 45 · 9 g = 405 g an, so kann man folgern, daß sich die Kugel im zehnten Behälter befindet. Zeigt die Waage z. B. 408 g an, so befinden sich die schwereren Kugeln im 3. Behälter, denn 408 − 3 ist 405. Die ganze Zahl, die von 405 abweicht, ist in jedem Fall der gesuchte Behälter.

Wie viele Griffe?

10   *Tafelbild*

Vor dir stehen drei Kartons. In dem einen befinden sich zwei weiße Kugeln, im anderen zwei schwarze und im dritten eine schwarze und eine weiße Kugel.

Leider sind die drei Kartons nicht richtig beschildert. Die Schilder WW (für den Karton mit den beiden weißen Kugeln), SS und WS sind so vertauscht, daß jeder Karton ein falsches Schild trägt. Nun sollst du den Inhalt der Kartons richtig bestimmen. Dazu darfst du nur eine Kugel aus irgendeinem Karton nehmen, ohne dabei die anderen Kugeln zu sehen. Wie viele solcher Griffe sind notwendig, um die Aufgabe zu lösen?

Lösung:
Es ist nur **ein** Griff erforderlich. Dieser Griff muß in den mit WS beschilderten Karton erfolgen. In ihm können sich laut Aufgabenstellung entweder zwei weiße oder zwei schwarze Kugeln befinden. Bringt der Griff eine schwarze Kugel hervor, dann muß die andere ebenfalls schwarz sein. In dem Karton mit dem Schild WW müssen dann eine schwarze und eine weiße Kugel liegen und in dem dritten Karton mit dem Schild SS liegen die beiden weißen Kugeln.

Bringt der erste Griff eine weiße Kugel, ist es genau umgekehrt.

Die Quadratmark

9–10

Beim Malnehmen von Bruchzahlen haben wir gelernt, daß $\frac{1}{2} \cdot \frac{1}{2} = \frac{1}{4}$ ist. Also ist auch $\frac{1}{2}$ DM $\cdot \frac{1}{2}$ DM $= \frac{1}{4}$ DM.

Eine viertel DM sind 25 Pfennig. Nun sind aber auch eine halbe DM gleich 50 Pfennig und 50 Pfennig · 50 Pfennige sind dann 2500 Pfennige oder 25 DM. Das kann doch wohl nicht stimmen!

Lösung:
Es stimmt auch nicht, denn $\frac{1}{2}$ DM · $\frac{1}{2}$ DM ist nicht etwa $\frac{1}{4}$ DM, sondern $\frac{1}{4}$ Quadrat-DM, und die gibt es nicht.

Mit den Einheiten muß man genauso rechnen wie mit den Zahlen. $\frac{1}{2}$ Meter · $\frac{1}{2}$ Meter ist nicht $\frac{1}{4}$ Meter, sondern $\frac{1}{4}$ Quadratmeter.

Die geteilten Bleistifte

9–10

Drei Bleistifte kosten 1 DM. Wieviel kostet dann ein Bleistift? Antwort: $33\frac{1}{3}$ Pfennig.

Jetzt rechne aus: Wenn ein Bleistift $33\frac{1}{3}$ Pfennig kostet, was kosten dann eineinhalb Bleistifte?

Viele Schüler nehmen nun die Hälfte von $33\frac{1}{3}$ und zählen zu diesem Ergebnis $33\frac{1}{3}$ hinzu. Das ist sehr umständlich. Dabei ist die Rechnung so einfach:

Wenn drei Bleistifte 1 DM kosten, dann kosten $1\frac{1}{2}$ Bleistifte nur die Hälfte, also 50 Pfennig.

Lieber Maler male mir

5–8   Merkzettel

Ein Hotel hat einhundert Zimmer. Jede Zimmertür soll mit den Zahlen 1 bis 100 durchnumeriert werden. Wie viele Neuner muß der Maler malen?

Lösung: 20 Neuner.
9 – 19 – 29 – 39 – 49 – 59 – 69 – 79 – 89 – 90 – 91 – 92 – 93 – 94 – 95 – 96 – 97 – 98 – 99. Zusammen 20 Stück.

Die erste gerechte Teilung

9–10

Zwei Söhne haben ein Vermögen geerbt. Das Vermögen läßt sich nur schlecht in zwei gerechte Teile aufteilen, denn es handelt sich um Aktien, Grundstücke, Bilder, Patente und viele verschiedene Sachwerte. Wie kann trotzdem eine gerechte Verteilung zustande kommen, ohne daß sich einer der Brüder übervorteilt fühlt?

Lösung:
Einer der Brüder teilt das Vermögen auf, und der andere darf als erster einen Teil auswählen.

Die zweite gerechte Teilung

Ein Mexikaner hat 17 Pferde. Nach seinem Tode lasen seine Söhne das Testament:

„Mein erster Sohn soll die Hälfte der Pferde erhalten, mein zweiter Sohn ein Drittel und mein dritter Sohn ein Neuntel."

Die Söhne rechneten hin und her und kamen zu keinem Ergebnis, denn ein Pferd schlachten wollten sie auch nicht. Da kam eines Tages ein fremder Reiter in das Dorf. Er hörte von der schwierigen Erbschaft und fand eine Lösung:

Er tat sein Pferd zu den 17 Pferden, so daß es jetzt 18 Pferde waren. Der erste Sohn bekam die Hälfte, also 9 Pferde. Der zweite Sohn ein Drittel, das sind 6 Pferde und der dritte Sohn ein Neuntel, das sind 2 Pferde. Zusammengezählt: $9 + 6 + 2 = 17$ Pferde. Mit dem übriggebliebenen Pferd ritt der Fremde wieder davon. Wer findet die Erklärung?

Der Trick liegt darin, daß $\frac{1}{2} + \frac{1}{3} + \frac{1}{9}$ nicht ein Ganzes ergeben. Erst wenn noch $\frac{1}{18}$ hinzugezählt wird, kommt 1 heraus.

Strafarbeit

Der Lehrer fordert die Schüler auf, die Ziffern von 1 bis 9 in schöner Schrift nebeneinander aufzuschreiben. Dann geht er herum und schaut sich das Ergebnis an:
„Gerd, die vier sieht aber nicht gut aus, die mußt du noch tüchtig üben. Streiche aus deiner Reihe die acht. Dann multipliziere die ganze Reihe mit 36!"

Gerd rechnet:

$$1\ 2\ 3\ 4\ 5\ 6\ 7\ 9 \cdot 36$$

$$\begin{array}{r} 3\ 7\ 0\ 3\ 7\ 0\ 3\ 7 \\ 7\ 4\ 0\ 7\ 4\ 0\ 7\ 4 \\ \hline 4\ 4\ 4\ 4\ 4\ 4\ 4\ 4\ 4 \end{array}$$

Auf diese Weise kann man jede Ziffer „üben" lassen. Die Zahlenreihe 1 bis 9 ohne die 8 wird multipliziert mit der gewünschten Zahl mal 9, hier also $4 \cdot 9 = 36$. Als Ergebnis erscheint stets neunmal diese „Übungszahl".

Bierdeckel

Zwei Jungen tauschen Bierdeckel. „Wenn du mir einen von deinen Bierdeckeln gibst, habe ich doppelt so viele wie du," sagt Fritz. „Gib mir lieber einen von deinen, dann haben wir gleich viele," antwortet Hans.

Wie viele Bierdeckel hat Fritz, wie viele Hans?

Lösung: Fritz hat 7 und Hans hat 5 Bierdeckel. Fritz soll x, Hans soll y Bierdeckel haben.

I $\qquad x + 1 = 2(y - 1)$
II $\qquad x - 1 = y + 1$
$\qquad\qquad x = y + 2$

II in I $y + 2 + 1 = 2y - 2$
$\qquad\qquad \underline{y = 5}$
$\qquad\qquad \underline{x = 7}$

Hundert Tiere

Du sollst für 100 DM 100 Tiere kaufen. Ein Küken kostet 50 Pfennig, ein Hase drei Mark und ein Reh zehn Mark. Wieviele Küken, Hasen und Rehe kaufst du ein?

Lösung: 5 Rehe, 1 Hase und 94 Küken.

Eine Ziffer streichen

Jeder Schüler soll eine beliebige mehrziffrige Zahl aufschreiben. Ein Schüler schreibt etwa 13 665. Jetzt soll er von dieser Zahl die Quersumme ausrechnen. $1 + 3 + 6 + 6 + 5 = 21$. Diese Quersumme soll er nun von der notierten Zahl abziehen, also $13665 - 21 = 13644$. Nun soll er von dem Ergebnis eine beliebige Ziffer streichen. Der Schüler streicht z. B. die 6.
Der Lehrer läßt sich die übriggebliebene Zahl mitteilen, also 1344. Und schon kann er dem verdutzten Schüler die Ziffer nennen, die er gestrichen hat!

Erklärung: Der Lehrer braucht nur die Quersumme der genannten Zahl bilden, also $1 + 3 + 4 + 4 = 12$ und diese bis zur nächsten durch 9 teilbaren Zahl ergänzen: $12 + 6 = 18$.
6 ist die gestrichene Ziffer!

Differenz erraten

6–10   Tafelanschrieb, Merkzettel

Der Schüler soll eine beliebige dreistellige Zahl aufschreiben, bestehend aus drei verschiedenen Ziffern. Jetzt schreibt er in umgekehrter Reihenfolge dieselben Ziffern zu einer neuen Zahl und subtrahiert die kleinere von der größeren.

Auf dem Blatt kann stehen: 417 und 714. Subtraktion: $714 - 417 = 297$. Der Schüler braucht nur die erste Ziffer nennen, und der Lehrer sagt sofort das ganze Ergebnis der Differenz.

Erklärung: Bei jeder Subtraktion, die man nach den oben beschriebenen Regeln ausführt, ergibt die Quersumme der Differenz 18. Stets ist die mittlere Ziffer die 9. Daraus folgt, daß die letzte Ziffer die Ergänzung der ersten Ziffer zu 9 ist.

$2 + x = 9$ und $x = 7$.   *Also lautet die Zahl 297!*

Linke oder rechte Hand?

5–8   Münzen

Der Lehrer fordert den Schüler auf, in der einen Faust einen Pfennig, in der anderen ein Zehnpfennigstück zu halten. Dann soll der Schüler den Wert der Münze in der *rechten* Faust mit 8 (oder einer anderen beliebigen geraden Zahl) und den Wert der anderen Münze mit 5 (oder einer anderen beliebigen ungeraden Zahl) multiplizieren. Nun soll er beide Ergebnisse zusammenzählen und die Summe dem Lehrer mitteilen.

Der Lehrer kann sofort sagen, in welcher Hand sich welche Münze befindet. Ist nämlich die Summe *gerade*, ist der Pfennig in der *rechten* Hand. Ist die Summe ungerade, das Zehnpfennigstück. Als hilfreiche Eselsbrücke braucht sich der Vorführende nur merken: „Die Rechten sind die Geraden ..."

Köpfchen, Köpfchen

7–10   *Münzen*

Eine sehr unterhaltsame Erweiterung des oben gezeigten Tricks ist folgende:
Der Schüler hält in der einen Hand einen Pfennig und in der anderen Hand
ein Fünfpfennigstück (oder ein Einmark- und ein Fünfmarkstück). Den
Wert der Münze in der rechten Hand soll er mit 14 multiplizieren. Ist das
geschehen, muß er dasselbe mit der anderen Münze in der linken Hand
machen. Er addiert beide Zahlen.
Der Vorführende braucht sich das Ergebnis gar nicht erst mitteilen zu lassen.
Er kann jetzt schon sagen, in welcher Hand sich der Pfennig oder das
Markstück befindet: in der Hand, bei der die Multiplikation mit 14 schneller
ging. Bei einer Wiederholung (wenn noch möglich) sollte man mit einer
anderen Zahl multiplizieren lassen.

Achtung: Manche Schüler (und nicht nur die) haben Schwierigkeiten, wenn
sie mit 1 multiplizieren müssen. Dann empfiehlt es sich, ein Zweipfennig-
bzw. ein Zweimarkstück zu nehmen.

Verwandlungen

8–10   *Tafelbild, evtl. Streichhölzer, OHP*

Aufgabe 1: $5 + 5 + 5 = 550$

Füge einen kleinen Strich hinzu, und die Gleichung wird richtig!

Lösung: Aus dem ersten Pluszeichen kann man leicht eine 4 machen: $545 +
5 = 550$.

Aufgabe 2:   VI + III = VII aus Streichhölzern legen.

Lege ein Streichholz um, und die Gleichung wird richtig!

Lösung: Es gibt zwei Lösungen. VI + II = VIII und IV + III = VII.

Es geht um die Hundert

8–10   Tafelbild

Du sollst die Zahl 100 darstellen durch

a) fünf Fünfen
b) vier Neunen
c) alle Ziffern von Null bis Neun, ohne einen Bruch zu verwenden. Dabei
   darfst du jede Ziffer nur einmal schreiben.

Lösung: a) $5 \cdot 5 \cdot 5 - 5 \cdot 5 = 100$

b) $99 + \dfrac{9}{9} = 100$

c) $0 + 1 + 2 + 3 + 4 + 5 + 6 + 7 + 8 \cdot 9 = 100$
   (Punktrechnung geht vor Strichrechnung!)

Aus zehn mach fünf. Ist das möglich?

8–10   Tafelbild, 10 Münzen oder Spielmarken, evtl. OHP

Der Lehrer legt zehn Münzen auf den Tisch und fordert einen Schüler
auf, sie in fünf Reihen zu je vier Münzen auszulegen. Das arme „Opfer"
wird lange darübersitzen und brüten. Und doch ist die Lösung einfach.

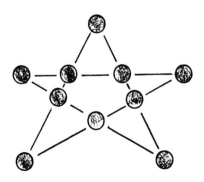

Aus neun mach vier. Ist das möglich?

Verbinde alle neun Punkte in einem Zug durch vier gerade Striche, ohne den Stift dabei abzusetzen. Du darfst auch keine Linie doppelt ziehen!

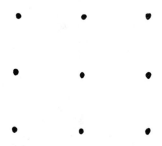

Lösung: Mit der ersten Geraden mußt du über den Endpunkt hinaus gehen.

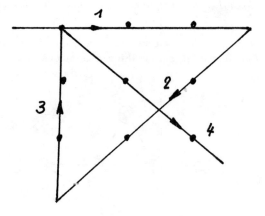

Der Flächeninhalt des Kreises

10   Tafelbild, Zirkel

Leite aus der Umfangsformel für den Kreis (U = d · π oder U = 2 · r · π) und der Formel für die Dreiecksfläche (A = $\frac{1}{2}$ · g · h) den Flächeninhalt des Kreises ab!

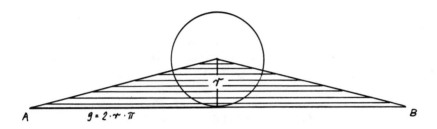

– Kreisumfang U abrollen

– Es entsteht eine Strecke mit dem Anfangspunkt A und dem Endpunkt B. Die Länge beträgt g = 2 · r · π.

– Die Punkte A und B mit dem Mittelpunkt des Kreises verbinden.

– Es entsteht ein Dreieck mit der Grundlinie 2 · r · π und der Höhe r.

– Würde man jetzt alle nächstkleineren Umfänge streifenartig übereinanderlegen, wäre die Kreisfläche in der Dreiecksfläche untergebracht.

$$A_{Kreis} = A_{Dreieck} = \tfrac{1}{2} \cdot g \cdot h$$
$$A = \tfrac{1}{2} \cdot 2 \cdot r \cdot \pi \cdot r$$
$$\mathbf{A = r^2 \cdot \pi}$$

Der Lehrsatz des Pythagoras

10 *Tafelbild*

Bestätige, daß im rechtwinkligen Dreieck die Summe der Kathetenquadrate gleich dem Hypothenusenquadrat ist!

$$a^2 + b^2 = c^2$$

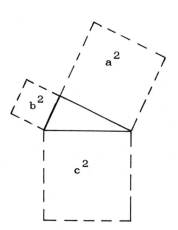

Beweis:

In ein äußeres Quadrat wird ein kleineres Quadrat so über Eck gelegt, daß vier rechtwinklige Dreiecke I, II, III und IV mit den Seiten a, b und c entstehen.

Diese vier Dreiecke I, II, III und IV sind deckungsgleich. Ihre vier Hypothenusen bilden das kleine Quadrat mit der Seitenlänge c.

Für die Flächeninhalte gilt:

Großes Quadrat = Vier Dreiecke + kleines Quadrat

$$(a + b)^2 = 4 \cdot \tfrac{1}{2} a b + c^2$$

$$a^2 + 2 a b + b^2 = 2 a b + c^2$$

$2 a b$ abgezogen:

$$a^2 + b^2 = c^2$$

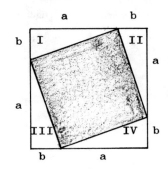

Die kluge Ameise

10 Tafelbild, Abwicklung eines Quaders aus Karton

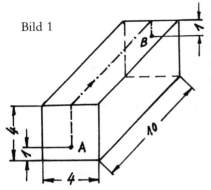

Bild 1

Eine Ameise will auf dem Quader von A nach B krabbeln. Sie kann verschiedene Wege einschlagen; einer davon ist in Bild 1 eingezeichnet. Aber es ist *nicht* der kürzeste Weg. Es gibt noch einen kürzeren. Wie verläuft er?

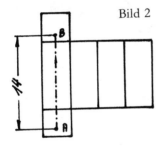

Bild 2

Lösung:

Von dem Quader wird die Abwicklung (Bild 2) gezeichnet. Es ist verblüffend, daß die Strecke AB = 14 cm nicht die kürzeste Entfernung ist! Die Abwicklung des Quaders kann auf verschiedene Weise erfolgen. Eine mögliche davon zeigt die Lösung in Bild 3. Mit dem pythagoreischen Lehrsatz kann man leicht berechnen:

$$AB = \sqrt{13^2 + 5^2}$$
$$AB = \sqrt{194}$$
$$AB < \sqrt{196}, \text{ denn } \sqrt{196} = 14$$

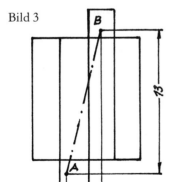

Bild 3

Es ist zu empfehlen, die Quaderabwicklung (Bild 3) mit den Maßen in cm aus Karton herzustellen und die Punkte A und B zu markieren.

Rangierprobleme

8–10   *vorbereitete Folie, OHP*

Was den Familienvätern, die mit den Spielzeugeisenbahnen ihrer Söhne spielen, recht ist, soll dem Lehrer in einer Vertretungsstunde billig sein: Die Lok soll die beiden Waggons so rangieren, daß mit möglichst wenigen Rangierbewegungen die Waggons ihre Plätze tauschen. Dazu folgende Anfangssituation:

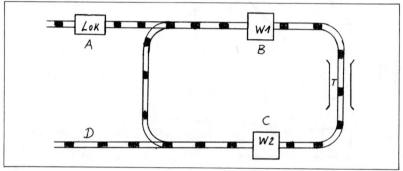

Rangier-Aufgabe 1

Die Lokomotive Lok steht bei A, ein Waggon W1 bei B und ein anderer Waggon W2 bei C. Der Tunnel T ist so schmal, daß nur die Lokomotive allein, also ohne angekuppelte Waggons, durchfahren kann. Die erste Aufgabe ist nun, so zu rangieren, daß zum Schluß der Waggon W1 bei C, der Waggon W2 bei B und die Lokomotive im Tunnel T steht.

Diese Aufgabe ist relativ einfach und soll nur als Einstieg in zwei schwierigere Aufgaben dienen. Folgende Rangierbewegungen sind erlaubt:

ank ankuppeln, **abk** abkuppeln, **re** nach rechts fahren, **li** nach links fahren, **u** nach unten fahren, **o** nach oben fahren, ↶ gegen den Uhrzeigersinn, ↷ mit dem Uhrzeigersinn fahren.

Und das ist die Lösung 1:

1. Lok re bis B	8. Lok und W2 ↷ bis B
2. Lok ank W1	9. Lok abk W2
3. Lok und W1 u bis W2	10. Lok ↷ bis D
4. Lok ank W2	11. Lok ank W1
5. Lok und W1 und W2 li bis D	12. Lok und W1 re bis C
6. Lok abk W1	13. Lok abk W1
7. Lok und W2 re	14. Lok bis T

Rangier-Aufgabe 2

Lokomotive und Waggons stehen wieder in der Ausgangsposition. Nach den Rangierbewegungen sollen die Waggons an ihrem alten Platz stehen und die Lokomotive im Tunnel!

Lösung 2:

1. Lok re	13. Lok und W1 re
2. Lok ank W1	14. Lok und W1 o
3. Lok und W1 u	15. Lok abk W1
4. Lok und W1 li bis D	16. Lok ⌢
5. Lok abk W1	17. Lok ank W1
6. Lok re	18. Lok und W1 li
7. Lok ank W2	19. W1 ank W2
8. Lok und W2 o	20. Lok und W1 und W2 re
9. Lok und W2 li bis A	21. Lok und W1 und W2 u
10. Lok abk. W2	22. W1 abk W2
11. Lok ⌢ bis D	23. Lok und W1 o
12. Lok ank W1	24. Lok abk W1
	25. Lok bis T

Rangier-Aufgabe 3

Lokomotive und Waggons stehen wieder in der Ausgangsposition. Nach den Rangierbewegungen sollen die Waggons ihre Plätze getauscht haben, und die Lok soll wieder auf ihrem alten Platz bei A stehen.

Lösung 3:

1. Lok re	13. Lok und W2 abk W1
2. Lok ank W1	14. Lok und W2 u
3. Lok und W1 u	15. Lok und W2 li bis D
4. Lok und W1 li bis D	16. Lok abk W2
5. Lok abk W1	17. Lok ⌢ bis B ank W1
6. Lok re	18. Lok und W1 u
7. Lok ⌢	19. Lok abk W1
8. Lok ank W2	20. Lok li bis D
9. Lok und W2 li bis D	21. Lok ank W2
10. Lok und W2 ank W1	22. Lok und W2 re und o
11. Lok und W1 und W2 re	23. Lok abk W2
12. Lok und W1 und W2 o	24. Lok li bis A

Knöpfe müssen springen

5–8   *Schablone aus Pappe oder Folie, OHP, Knöpfe o. ä.*

Versuch einmal, die schwarzen Knöpfe von den Feldern 1, 2 und 3 auf die Felder 5, 6 und 7 zu setzen. Umgekehrt sollen die weißen Knöpfe von den Feldern 5, 6 und 7 auf die Felder 1, 2 und 3 wandern. Du darfst aber die schwarzen nur nach rechts und die weißen nur nach links bewegen, selbstverständlich immer nur in ein leeres Feld. Es darf auch niemals mehr als ein Knopf übersprungen werden.

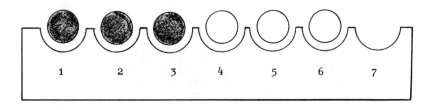

Lösung:
5 → 4, 3 ⤳ 5, 2 → 3, 4 ⤳ 2, 6 ⤳ 4, 7 → 6, 5 ⤳ 7, 3 ⤳ 5, 1 ⤳ 3, 2 → 1, 4 ⤳ 2, 6 ⤳ 4, 5 → 6, 3 ⤳ 5, 4 → 3

Ein unmögliches Ergebnis

9–10 **Tafelbild**

Diesen Rechenschalk sollte man nur Schülern vorführen, die die vier Grundrechenarten gut beherrschen und sich nicht so schnell irreführen lassen. Dann trägt die Vorführung sehr zur Erheiterung bei.

Wieviel ist 28 geteilt durch 7?
(Selbstgegebene) Antwort: 13!

Erster Beweis

Wenn man die 13 siebenmal untereinander schreibt und zusammenzählt, müßte 28 herauskommen. Der Lehrer schreibt die 13 siebenmal untereinander. Dann zählt er die Einer zusammen, also $3 + 3 = 6 + 3 = 9 + 3 \dots + 3 = 21$. Jetzt zählt er die Zehner dazu. Da die Zehner aber nur als 1 stehen, addiert er so weiter: $21 + 1 = 22 + 1 = 23 \dots + 1 = 28$!

$$
\begin{array}{r}
13 \\
13 \\
13 \\
13 \\
13 \\
13 \\
13 \\
\hline
28
\end{array}
$$

Zweiter Beweis

Wenn $28 : 7 = 13$ ist, dann müßte doch $13 \cdot 7 = 28$ sein! Das beweist der Lehrer nun mit einer „Multiplikation":

Zuerst wird 7 mal 3 gerechnet und in die erste Zeile geschrieben. Dann rechnet man 7 mal 1 und schreibt das Ergebnis in die zweite Zeile. Beide Terme werden addiert.

$$
\begin{array}{r}
13 \cdot 7 \\
\hline
21 \\
7 \\
\hline
28
\end{array}
$$

Dritter Beweis

Wer immer noch nicht glaubt, daß $28 : 7 = 13$ ist, soll die Teilaufgabe schriftlich rechnen:

Zuerst rechnet man $8 : 7 = 1$. 1 mal $7 = 7$. 28 minus $7 = 21$. $21 : 7 = 3$.

$$
\begin{array}{r}
28 : 7 = 13 \\
-7 \\
\hline
21
\end{array}
$$

Das Ostfriesenabitur

Das Ostfriesenabitur stellt in der Mathematik hohe Anforderungen. Laßt uns hören, wie Otto W. das Abitur schafft.

Zuerst soll er das kleine „Einmalneun" aufschreiben. Also:

$$1 \cdot 9 =$$
$$2 \cdot 9 =$$
$$3 \cdot 9 =$$
$$4 \cdot 9 =$$
$$5 \cdot 9 =$$
$$6 \cdot 9 =$$
$$7 \cdot 9 =$$
$$8 \cdot 9 =$$
$$9 \cdot 9 =$$
$$10 \cdot 9 =$$

Dann soll der Bruch $\frac{16}{64}$ gekürzt werden.

Die dritte Aufgabe: Teile das Quadrat so, daß zwei Dreiecke entstehen!

Zum Schluß soll ein Quadrat in vier Dreiecke geteilt werden.

Otto W. fängt an zu schwitzen. Mein Gott, das schaffe ich nie! Aus der Traum von einem Studienplatz an der Gesamthochschule in Bremen. Aber ich will es wenigstens einmal probieren. $1 \cdot 9$ ist 9, das weiß ich gottseidank auswendig. Mal schauen, ob mein Nachbar schon etwas ausgerechnet hat. Aha, $10 \cdot 9 = 90$. Gut so, zwei Aufgaben habe ich schon. Aber die anderen sind nicht zu schaffen. So eine Schikane!

Mal nachzählen, wie viele Aufgaben ich noch lösen muß. Otto zählt von 1 bis 8 und schreibt – damit er es nicht vergißt – die Zahlen 1 bis 8 neben das Gleichheitszeichen. Wie soll ich nur den Bruch kürzen? Die 6 erscheint im Zähler und im Nenner, kann also weggestrichen werden. Ob es wohl schon für eine Vier reicht? Vielleicht habe ich mich vorhin verzählt? Am besten zähle ich noch einmal nach, wie viele Aufgaben ich noch nicht habe – diesmal aber von hinten:

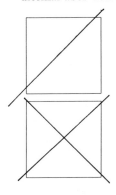

Otto zählt wieder von 1 bis 8, trägt aber die Zahlen von unten nach oben ein, so daß z. B. neben $9 \cdot 9$ jetzt 81 steht. Otto ist verzweifelt. Acht Rechenaufgaben fehlen mir, ob ich richtig gekürzt habe, weiß ich nicht, die dritte Aufgabe kann ich nicht (wird mit einem Strich durchgestrichen), und die letzte Aufgabe erst recht nicht (wird zweimal durchgestrichen). Dann kann ich das Blatt auch schon abgeben. Vielleicht schaffe ich es im nächsten Jahr ...

3. Die andere Deutschstunde

Viele kleine Dichter

6–8   *Tafel, Kreide*

Mit dieser lustigen Übung kann der Lehrer eine Vertretungsstunde im Fach „Deutsch" gut überbrücken. Jeder Schüler schreibt ein Hauptwort auf sein Blatt. Der Lehrer läßt sich anschließend die Wörter nennen und schreibt sie an die Tafel.
Dann kann das Dichten losgehen. Die auf diese Weise vorgegebenen Wörter verbinden die Schüler zu einer sinnvollen, knappen Geschichte – möglichst noch in der zufällig entstandenen Reihenfolge.
Später lesen die Schüler die Geschichten vor.

Eine verrückte Geschichte von Jumbo und Jim

7–9   *Tafelanschrieb*

Die folgende Geschichte von Jumbo und Jim stimmt hinten und vorn nicht. Stelle die Satzzeichen, Satzanfänge und -enden so um, daß wieder ein vernünftiger Text entsteht.

Zwei Neger stiegen auf. Ein Palme segelte draußen im Meer. Nicht ein Fischerboot. Nichts war zu sehen. Nur der Wind wehte über die Bucht einen Haifisch. „Kann ich nicht sehen", sagt Jumbo und schwebte vorher über die Kokospalme. „Nicht ein Albatros", meinte Jim und kratzte aus. „Einer halben Kokosnuß noch etwas Fleisch füttern, ist auch nicht gut", erklärte Jumbo den Haifischen. „Gefällt das nicht", sagte Jim, „dann beißt auch keiner an."

Und das ist der richtige Text:

Zwei Neger stiegen auf eine Palme. Segelte draußen im Meer nicht ein Fischerboot? Nichts war zu sehen, nur der Wind wehte über die Bucht. „Einen Haifisch kann ich nicht sehen", sagte Jumbo. „Und schwebte vorher über den Kokospalmen nicht ein Albatros?" meinte Jim und kratzte aus einer halben Kokosnuß noch etwas Fleisch. „Füttern ist auch nicht gut", erklärte Jumbo. „Den Haifischen gefällt das nicht", sagte Jim, „dann beißt auch keiner an."

Ein schönes Durcheinander

6–8   *Tafelanschrieb*

Nicht lange machte deshalb Fußball Markus Hausaufgaben und alle spielte.

Setze die Wörter an die richtige Stelle, so daß ein vernünftiger Satz entsteht:
Markus spielte lange Fußball und machte deshalb nicht alle Hausaufgaben.

Weiter gehts:

Jeden Sonntag werde ich so lange müde, bis mein Vater spielt mit mir Schach.

Und so ist der Satz richtig: Mein Vater spielt mit mir jeden Sonntag so
lange Schach, bis ich müde werde.

Stelle den nächsten Satz so um, daß eine schöne Unordnung herrscht:

Der Kaufmann zieht die Kiste mit den Schrauben aus dem Regal und läßt sie fallen.

Im Gegenteil

7–10   *Tafelbild*

Schreibe das Gegenteil auf von

uralt	–	*blutjung*	wissensdurstig –	*desinteressiert*
geschwätzig	–	*mundfaul*	glatt –	*rauh*
träge	–	*fleißig*	Pulver –	*Korn*
Fisch	–	*Fleisch*	aufwärts –	*abwärts*
grell	–	*matt*	einsam –	*betriebsam*
massiv	–	*hohl*	Milde –	*Strenge*
Liebe	–	*Haß*	freundlich –	*tunfreundlich*
eiskalt	–	*kochendheiß*	lustig –	*traurig*
rennen	–	*schleichen*	Lob –	*Tadel*

Suche selbst

Es verhält sich der Bauer : pflügen wie der Lehrer : unterrichten. Suche selbst das passende Vergleichswort!

Mögliche Lösungen
1 Ampel　2 Stundenplan　3 Auto　4 Pausenraum　5 Fotoapparat　6 Auge
7 Gewürz　8 Buch　9 Anstrengung　10 Benzin　11 Sprache　12 Soldat
13 Tinte　14 Solist　15 Schüler　16 Messer　17 Gewicht　18 trainieren
19 Reise　20 Buch

Gesucht: Der treffende Oberbegriff

Lösungen: Der treffende Oberbegriff

1 Nadelbäume	20 Südfrüchte
2 Familienangehörige	21 europäische Hauptstädte
3 Laubbäume	22 Blechblasinstrumente
4 Möbelstücke	23 Zupfinstrumente
5 Wintersportgeräte	24 Meßgeräte
6 alkoholfreie Getränke	25 unbestimmte Zahlwörter
7 Flüssigkeiten	26 menschliche Behausungen
8 Getreidearten	27 Ansiedlungen
9 Schreibzeug	28 Verwandtschaftsgrade
10 Märchengestalten	29 Körperteile
11 Kleidungsstücke	30 Schwermetalle
12 Werkzeuge	31 Straßenfahrzeuge
13 Wochentage	32 Wasserfahrzeuge
14 Jahreszeiten	33 Energieträger
15 Tageszeiten	34 Kulturtechniken
16 alkoholische Getränke	35 Baustoffe
17 Gartengeräte	36 Niederschläge
18 weibliche Vornamen	37 Verkehrswege
19 Kopfbedeckungen	38 Landschaftserhebungen

Arbeitsblatt: **Suche selbst**

1. Zeiger : Zifferblatt =   Rotlicht : _____

2. Zug : Fahrplan =   Schule : _____

3. Glied : Kette =   Rad : _____

4. Haus : Garten =   Fabrik : _____

5. Körner : Mehl =   Film : _____

6. Radio : Antenne =   Mensch : _____

7. Blume : Garten =

    _____ : Suppe

8. Baum : Blatt =

    _____ : Seite

9. Geld : Ware =

    _____ : Erfolg

10. Wasser : Blume =

    _____ : Motor

11. Tafel : Kreide =   Schauspieler : _____

12. Schüler : Aufgabe =

    _____ : Befehl

13. Auto : Rad =   Füllhalter : _____

14. Wald : Baum =   Orchester : _____

15. Haus : Dorf =

    _____ : Klasse

16. Nagel : Hammer =   Brot : _____

17. heben : Last =   wiegen : _____

18. zahlen : Preis =

    _____ : Erfolg

19. Traum : schlafen =

    _____ : erleben

20. Brot : essen =

    _____ : lesen

Arbeitsblatt: **Gesucht wird: Der treffende Oberbegriff**

1 Föhre – Fichte – Tanne   _____

2 Vater – Mutter – Kind   _____

3 Birke – Buche – Eiche   _____

4 Tisch – Stuhl – Schrank   _____

5 Ski – Schlitten – Bob   _____

6 Wasser – Milch – Saft   _____

7 Wasser – Salzsäure – Wein   _____

8 Weizen – Roggen – Gerste   _____

9 Bleistift – Füller – Kreide   _____

10 Kasper – Hexe – Schneewittchen _____

11 Hemd – Hose – Rock   _____

12 Hammer – Zange – Hobel   _____

13 Montag – Dienstag – Mittwoch   _____

14 Frühling – Sommer – Herbst   _____

15 Vormittag – Nachmittag – Abend _____

16 Bier – Wein – Sekt   _____

17 Schaufel – Rechen – Harke   _____

18 Lotte – Susi – Margot   _____

19 Hut – Kappe – Mütze   _____

20 Banane – Orange – Dattel _____

21 London – Paris – Bonn _____

22 Trompete – Fanfare – Posaune _____

23 Harfe – Gitarre – Zither _____

24 Uhr – Tachometer – Thermometer _____

25 viele – wenige – einige _____

26 Haus – Hütte – Zelt _____

27 Weiler – Dorf – Stadt _____

28 Onkel – Neffe – Schwester _____

29 Arm – Bein – Kopf _____

30 Eisen – Blei – Kupfer _____

31 Motorrad – Auto – Lastwagen _____

32 Kahn – Segelschiff – Kanu _____

33 Kohle – Gas – Elektrizität _____

34 rechnen – schreiben – lesen _____

35 Ziegel – Holz – Beton _____

36 Regen – Schnee – Hagel _____

37 Straße – Schiene – Kanal _____

38 Berg – Hügel – Kuppe _____

Es verhält sich

1. Uhr : Zeit = Metermaß : _____

2. Ganzes : Teil = Haus : _____

3. Mauer : Baustein = Satz : _____

4. Henne : Ei = _____: Milch

5. Not : Gabe = Unglück : _____

6. Schule : Lehrer = Krankenhaus : _____

7. Berg : Gebirge = Einzelner : _____

8. Papier : Schere = _____: Säge

9. wiegen : Gewicht = messen : _____

10. Bett : liegen = _____: sitzen

11. Auto : fahren = Pferd : _____

12. Gabel : Küche = _____: Tankstelle

Lösung:

1 Länge	5 Hilfe	9 Länge
2 Zimmer	6 Arzt	10 Stuhl
3 Wörter	7 Gruppe	11 reiten
4 Kuh	8 Holz	12 Schwamm

Ursache und Wirkung

Bekannt ist die Ursache, gesucht ist die Wirkung.

Ursache	*Wirkung*
1 Regen	Trockenheit – Niederschlag – Hochwasser
2 Hitze	Sonnenschein – Durst – Regen
3 Unfall	Polizei – Verletzung – Krankenhaus
4 Licht	Helligkeit – Taschenlampe – Schalter
5 Regen	Feuchtigkeit – Niederschlag – Wolke
6 Hochwasser	Regen – Schaden – Tiefdruck
7 Sturz	Stein – Unvorsichtigkeit – Beinbruch
8 Glatteis	Kälte – Unfall – Regen
9 Gewinn	Freude – Einsatz – Lotterie
10 Fleiß	Preis – Schüler – Lehrer
11 Scherz	Laune – Lachen – Witzbold
12 Feuer	Streichholz – Brennmaterial – Hitze
13 Drohung	Grund – Angst – Räuber
14 Unaufmerksamkeit	Konzentration – Unfall – Übermüdung
15 Müdigkeit	Arbeit – Schlaf – Entspannung
16 Kälte	Krankheit – Winter – Mantel
17 Tüchtigkeit	Arbeit – Reichtum – Mühe
18 Erdbeben	Einsturz – Seismograph – Herd
19 Baustelle	Gebäude – Bauplan – Umleitung
20 Alter	Gebrechen – Jugend – Pension
21 Hunger	Brot – essen – stehlen
22 Sprengung	Zusammenbruch – Zündschnur – alt
23 Sonne	Himmelskörper – Wärme – Strahlen
24 Arbeit	Ermüdung – Lohn – Arbeiter
25 Streit	Frieden – Gegner – Haß

Lösungen: Ursache und Wirkung

1 Hochwasser	9 Freude	17 Reichtum
2 Durst	10 Preis	18 Einsturz
3 Verletzung	11 Lachen	19 Umleitung
4 Helligkeit	12 Hitze	20 Gebrechen
5 Feuchtigkeit	13 Angst	21 essen
6 Schaden	14 Unfall	22 Zusammenbruch
7 Beinbruch	15 Schlaf	23 Wärme
8 Unfall	16 Krankheit	24 Ermüdung
		25 Haß

Der Zweck heiligt das Mittel

9–10   Folie, OHP, evtl. Tafelbild

Du hast starke Bauchschmerzen. Der Arzt verschreibt dir eine Arznei. Das Arzneimittel hat den Zweck, Heilung herbeizuführen (vgl. 13).
Welcher Zweck wird mit dem genannten Mittel verfolgt?

Mittel	*Zweck*
1 Kampf	Verteidigung – Niederlage – Opfer
2 Schule	Unterricht – Lehrer – Bildung
3 Polizei	Ordnung – Waffen – Einbruch
4 Telefon	Nachrichtentransport – Sprache – Gebühr
5 Nahrung	Brot – Leben – Kalorien
6 Urlaub	Erholung – Reise – Ferien
7 Buch	Bücherei – Literatur – Unterhaltung
8 Säen	Ernte – Samen – Wachstum
9 Denken	Problemlösung – Kopfarbeit – Gehirn
10 Lernen	Wissensmehrung – Schule – Abitur
11 Haus	Unterkunft – Gebäude – Stadt
12 Regen	Niederschlag – Wachstum – Gewitter
13 Arznei	Krankheit – Heilung – Arzt
14 Sprache	Verständigung – Zunge – Nachricht
15 Mantel	Schutz – Kleidung – Stoff
16 Auto	Geschwindigkeit – Beförderung – Fahrzeug
17 Hand	Körperteil – greifen – Finger
18 waschen	Wasser – Tätigkeit – Sauberkeit
19 Hitze	schmelzen – Sonnenschein – Kühlung
20 Stoßfänger	Straße – Schlagloch – Federung

Lösung: Der Zweck heiligt das Mittel

1 Verteidigung	8 Ernte	15 Schutz
2 Bildung	9 Denken	16 Beförderung
3 Ordnung	10 Wissensmehrung	17 greifen
4 Nachrichtentransport	11 Unterkunft	18 Sauberkeit
5 Leben	12 Wachstum	19 schmelzen
6 Erholung	13 Heilung	20 Federung
7 Unterhaltung	14 Verständigung	

Suche den Außenseiter

7–10 *Folie, OHP, evtl. Tafelanschrieb*

Du fühlst dich allein, einsam und verlassen. Fühlst du dich auch „weggefahren" (vgl. 1)?

	a	b	c	d
1	wegfahren	verlassen	einsam	allein
2	leugnen	abstreiten	beteuern	bestreiten
3	schätzen	grüßen	verehren	achten
4	krank	alt	betagt	bejahrt
5	machen	fertigen	herstellen	achten
6	landen	beginnen	eintreffen	ankommen
7	ansehen	betrachten	beobachten	probieren
8	sammeln	einkleben	aufheben	aufbewahren
9	einstellen	aufhören	einschlafen	abbrechen
10	arbeiten	schwitzen	schaffen	schuften
11	empören	widersetzen	auflehnen	wiederholen
12	treu	aufrichtig	offen	ehrlich
13	verstehen	lernen	begreifen	einsehen
14	anschlagen	bewachen	bellen	kläffen
15	erschüttert	berührt	ergriffen	begriffen
16	roh	grausam	brutal	mächtig
17	benützen	leihen	pumpen	borgen
18	speisen	ernähren	essen	verzehren
19	bleich	müde	blaß	fahl
20	verderben	verwesen	vermodern	verrotten
21	Abfall	Müll	Verlust	Unrat
22	Idee	Einfall	Zufall	Gedanke

Lösung: Suche den Außenseiter
1 a   2 c   3 b   4 a   5 d   6 b   7 d   8 b   9 c   10 b   11 d   12 a   13 b
14 b   15 d   16 d   17 a   18 b   19 b   20 a   21 c   22 c

Neue Außenseiter

	a	b	c	d
1	Gefährte	Freund	Kamerad	Mitglied
2	Kirche	Moschee	Religion	Tempel
3	Ständer	Gerüst	Pfeiler	Säule
4	makellos	sinnlos	fehlerlos	einwandfrei
5	behende	flink	hurtig	gescheit
6	unartig	unbeholfen	ungezogen	frech
7	heiter	vergnügt	ausgelassen	zufrieden
8	nützen	helfen	beaufsichtigen	heilen
9	abhalten	belauern	verwehren	hindern
10	langweilig	andauernd	immer	ständig
11	kühl	gefroren	frisch	kalt
12	hungrig	ärmlich	dürftig	karg
13	kaufen	zahlen	erwerben	anschaffen
14	dreist	keck	schlau	frech
15	überlegen	angeben	protzen	prahlen
16	ausprobieren	auswählen	erproben	prüfen
17	raufen	prügeln	brüllen	schlagen
18	mißhandeln	quälen	martern	dressieren
19	heimzahlen	prügeln	rächen	vergelten
20	vollständig	allseitig	ganz	restlos
21	riesig	gewaltig	gewaltsam	ungeheuer
22	schimmern	beleuchten	funkeln	glitzern
23	häufig	wiederholt	oft	immer

Lösung: Neue Außenseiter

1 d 2 c 3 b 4 b 5 d 6 b 7 d 8 c 9 b 10 a 11 b 12 a 13 b
14 c 15 a 16 b 17 c 18 d 19 b 20 b 21 c 22 b 23 d

Noch mehr Außenseiter

9–10   Folie, OHP, evtl. Tafelanschrieb

	a	b	c	d
1	vermögend	wohlhabend	überflüssig	reich
2	religiös	glaubhaft	fromm	gläubig
3	wittern	riechen	schnuppern	suchen
4	glänzend	rein	blank	sauber
5	mißglücken	versehen	fehlschlagen	scheitern
6	Vergnügen	Freude	Spaß	Ferien
7	Junge	Früchtchen	Knabe	Bub
8	Wolle	Zwirn	Garn	Stoff
9	Pflock	Pfahl	Stamm	Pfosten
10	Aussprache	Ansprache	Rede	Vortrag
11	Sprung	Riß	Spalte	Bruch
12	Stille	Nacht	Ruhe	Friede
13	Schimmer	Glanz	Strahlen	Schein
14	Ozean	Gewässer	Meer	See
15	Schneid	Mut	Tapferkeit	Held
16	Rundfunk	Nachricht	Kunde	Botschaft
17	Bund	Ballen	Paket	Bündel
18	Rast	Unterbrechung	Ruhe	Pause
19	Jux	Fasching	Scherz	Spaß
20	Schande	Schimpf	Scheu	Schmach
21	Fehlschlag	Versager	Unding	Mißerfolg
22	Gefecht	Kampf	Scharmützel	Sieg
23	Nachfrage	Erlaubnis	Billigung	Genehmigung
24	Apfel	Birne	Traube	Pflaume

Lösung: Noch mehr Außenseiter
1 c   2 b   3 d   4 a   5 b   6 d   7 b   8 d   9 c   10 b   11 d   12 b   13 c
14 b   15 d   16 a   17 c   18 c   19 b   20 a   21 c   22 d   23 a   24 c

Die letzten Außenseiter

8–10   Folie, OHP, evtl. Tafelanschrieb

Mediziner, Apotheker und Biologen sind Naturwissenschaftler. Juristen auch? Welches Wort paßt nicht in die „Vierergruppe"?

a) BOOT	SEGEL	RUDER	WASSER
b) QUADRAT	WÜRFEL	DREIECK	RECHTECK
c) GEDICHT	MUSIK	LIED	DRAMA
d) KÜNSTLER	ROMAN	STATUE	STROPHE
e) UFER	MEER	EBBE	FLUT
f) OVAL	RUND	GLATT	FORM
g) IMMER	OFT	GANZ	JEDER
h) LINEAL	LÖSCHBLATT	FÜLLER	TINTE
i) MEDIZINER	JURIST	APOTHEKER	BIOLOGE
j) JAGD	SCHUSS	KUGEL	DRÜCKER
k) GEWICHT	HÖHE	BREITE	LÄNGE
l) VERBRECHER	GESETZ	RICHTER	GERICHT
m) KILOGRAMM	MASSE	SCHWERE	GEWICHT

Lösung: Die letzten Außenseiter

a Wasser	e Ufer	i Jurist
b Würfel	f Form	j Jagd
c Musik	g oft	k Gewicht
d Künstler	h Lineal	l Verbrecher
		m Kilogramm

Die allerletzten Außenseiter

9–10   Folie, OHP, evtl. Tafelanschrieb

a) Oklahoma Pennsylvania Nebraska Panama Ohio
b) Karpfen Hecht Hai Wal Kabeljau Goldbarsch
c) Schere Bohrer Hammer Meißel Feile
d) Licht Magnetismus Wärme Bewegung Reibung
e) Wasser Schwefelsäure Silber Kochsalz Messing

f) Renault Simca Volvo Citroen Peugeot
g) Fußball Tennis Boxen Basketball Fechten
h) Adenauer de Gaulle Churchill Nixon Ulbricht
i) sieden verdunsten kondensieren erstarren erhitzen

Lösung: Die allerletzten Außenseiter

a Panama	d Reibung	g Boxen
b Wal	e Silber	h Nixon
c Hammer	f Volvo	i erhitzen

Sinnverwandte Wörter

9–10   *Tafelanschrieb*

Mit diesem Spiel kann man schnell den Wortschatz der Schüler überprüfen. Der Lehrer schreibt das Leitwort an die Tafel. Für jedes sinnverwandte Wort, das der Schüler auf seinen Zettel schreibt, gibt es fünf Punkte.

Leitwort	Sinnverwandte Wörter
Rede	Ansprache, Referat, Vortrag, Predigt
schreien	brüllen, kreischen, johlen, grölen
Becher	Glas, Humpen, Kelch, Pokal
erzählen	schildern, berichten, darstellen, beschreiben
abgespannt	erschöpft, müde, erledigt, fertig, erschlagen
hören	erfahren, zu Ohren bekommen, gewahr werden, Wind davon bekommen, lauschen
Ereignis	Vorkommnis, Vorfall, Begebenheit, Geschehnis
Schluß	Ende, Abschluß, Finale, Ausklang
apart	schick, elegant, fesch, flott
vollziehen	durchführen, machen, ausführen, erledigen
bürgen	haften, einstehen, garantieren, die Hand ins Feuer legen
erledigen	bereinigen, ausbügeln, geradebiegen, zurechtrücken, in Ordnung bringen

die katze sitzt Hintern ofen

Der Lehrer erklärt die Regeln der Groß- und Kleinschreibung der deutschen Sprache. Die Kinder können sich noch erinnern, daß man Hauptwörter groß schreibt. Und der Lehrer hat immer gesagt: Das, was man anfassen kann, sind Hauptwörter. Wohin das führen kann, wollen wir an einem Beispiel betrachten:

Die Katze sitzt hinterm Ofen.

Erwin soll nun erklären, welche Wörter groß und welche klein geschrieben werden.

„die" kann man nicht anfassen, wird also klein geschrieben.

„Katze" kann man auch nicht anfassen, weil sie kratzt. Wird also auch klein geschrieben.

„sitzt" kann man nicht anfassen, wird auch klein geschrieben.

„Hintern" kann man anfassen. Wird groß geschrieben.

Ofen kann man nur im Sommer anfassen, im Winter nicht: Also:

> *die katze sitzt Hintern Ofen (im Sommer)*
>
> *die katze sitzt Hintern ofen (im Winter).*

Sind Sie des Deutschen mächtig?

evtl. 10   *Schülerarbeitsblatt (Kopiervorlage s. S. 112)*

Auflösung: Falsch geschrieben – nach den Regeln des Duden – sind drei Wörter: Brandwein, alle Neune werfen und auf Seiten. Alle anderen Wörter sind richtig geschrieben. Zählen Sie bitte Ihre Fehler, trinken Sie eventuell einen Branntwein und warten mit mir gemeinsam auf die Rechtschreibreform.

Die schwierige Groß- und Kleinschreibung

evtl. 10   *Schülerarbeitsblatt (Kopiervorlage s. S. 113)*

Lösung:
Wie viele Fehler haben Sie angestrichen? **Keinen?** Sehr gut, denn alle Wörter sind richtig geschrieben.

Sind Sie des Deutschen mächtig?

Kreuzen Sie bitte an, ob die Wörter nach Ihrer Meinung – und den gültigen Rechtschreibregeln – richtig oder falsch geschrieben sind. Auch wenn Sie mehr als zehn Fehler gemacht haben, sind Sie in guter Gesellschaft, denn das ist die durchschnittliche Fehlerquote der Deutschlehrer, die diesen Test gemacht haben. Eines schon im voraus: Es sind mehrere Fehler.

Pappplakat	Stilleben
Brandwein	unter Tage
instand setzen	aufs neue
alles in meiner Macht stehende	alle Neune werfen
Informant	zumute sein
von Nutzen sein	vonnöten sein
belämmert	rad- und Autofahren
ich habe maschinengeschrieben	totschweigen
Schlämmkreide	bloß ein bißchen Gries
todblaß	zugunsten
behende	einhellig
auf Nummer Sicher gehen	ins reine bringen
ins Schwarze treffen	ich stehe Kopf
irgend etwas	mir ist angst
auf Dauer	der Boiler
auf Seiten	einbleuen
aufwendig	recht behalten
Libyen	recht finden
es ist rechtens	in bezug
Alptraum	

Groß- und Kleinschreibung

Streichen Sie die Fehler an, die Sie in dem Text finden. Aber seien Sie nicht zu streng, denn die Deutsche Rechtschreibung ist eine schwere Sache ...

Die Idee kam mir eines Abends. Ich wollte schon immer etwas anderes tun, als um Punkt acht die Nachrichten im Ersten anzuschauen. Zwar bereite ich mich im allgemeinen auf den Unterricht des folgenden Tages vor, aber heute wäre es das beste, einmal davon abzuweichen.

Ich lasse Dienstag morgen überraschend eine Klassenarbeit schreiben. Der Klassensprecher wird der erste sein, der das erfährt, und das einzige, was er tun kann, ist, es jedem einzelnen zu erklären. Es ist nämlich das gleiche, ob eine Klassenarbeit geschrieben wird oder der Lehrer eine mündliche Prüfung abhält. Denn alle wollen ja miteinander im guten auskommen. Und wer Angst hat, kann ja nach Hause gehen und ein andermal die Arbeit oder etwas Ähnliches nachschreiben.

Nun soll sich jeder Schüler an Hand des Tabellenbuches eine Stückliste für eine Stahltreppe aufschreiben. Die meisten machen das zum ersten Mal. Sie schreiben alles Mögliche auf, ohne die Kosten abzuschätzen. Morgen nacht werde ich die Klassenarbeiten auswerten, und ich weiß jetzt schon: Das Ergebnis wird gleich Null sein, und ich werde recht behalten ...

Es ist schon traurig, wenn die meisten nichts Rechtes können. Das Schlimmste, was geschehen könnte, wäre, daß man mir, dem Lehrer, schuld gibt. Oft überlege ich mir im stillen, ob vielleicht ein Referendar anstelle eines ausgelaugten Lehrers einen besseren Unterricht macht. Er könnte ja mehrere Tage lang den Fachunterricht machen, alles übrige würde ich weiterhin genauso wie bisher übernehmen.

Etwas kann ich schon im voraus sagen, und mir ist angst dabei: Eine viertel Stunde geht das gut, dann reagieren die Schüler in unangenehmer Weise. Denn sie werden nicht ohne weiteres einen Lehrerwechsel hinnehmen, denn im wesentlichen kommt es ihnen darauf an, auf Nummer Sicher zu gehen und die Gesellenprüfung zu bestehen. Sie schleppen ja Zeit ihres Lebens die Prüfungsnoten mit sich herum. Und wen sollten sie dann zu Rate ziehen? Mich, ihren alten Pauker.

Unter Hottentotten

Wie euch sicher allen bekannt ist, gibt es in Afrika den Stamm der Hottentotten. Als Haustiere halten sie Beutelratten, die sie in Gattern, sogenannten „Kottern", halten. Die Kotter sind mit Wetterschutzvorrichtungen und Lattengittern versehen. Man nennt sie deshalb auch „Lattengitterwetterkotter".

Die Beutelratten, die darin gehalten werden, nennt man Lattengitterwetterkotterbeutelratten. Nun lebte im Hottentottenlande eine Hottentottenmutter, die zwei Kinder hatte. Die Kinder stotterten und galten als Trottel. Man nannte die Mutter infolgedessen die „Hottentottenstottertrottelmutter". Auf besagte Hottentottenstottertrottelmutter wurde ein Attentat verübt, und man nannte den Attentäter den „Hottentottenstottertrottelmutterattentäter".

Der Hottentottenstottertrottelmutterattentäter wurde jedoch gefangen und in einen Lattengitterwetterkotter gesperrt, in dem sich eine Lattengitterwetterkotterbeutelratte befand. Nach einiger Zeit kniff die Lattengitterwetterkotterbeutelratte aus, und einige Zeit später meldete sich auf dem Bürgermeisteramt ein Mann und sagte:

„Herr Bürgermeister, ich habe die Beutelratte gefangen."

„Ja, aber welche Beutelratte haben Sie denn gefangen?"

„Herr Bürgermeister, ich habe die Beutelratte gefangen, die in dem Lattengitterwetterkotter war, in dem der Hottentottenstottertrottelmutterattentäter gefangen sitzt."

„Ach so", sagte der Bürgermeister, „dann haben Sie also die Hottentottenstottertrottelmutterattentäterlattengitterwetterkotterbeutelratte   gefangen. Hier ist Ihre Fangprämie."

Sprachspiele

9–10   *Tafelanschrieb*

Bilde einen vollständigen und grammatisch korrekten deutschen Satz, in dem ...

das Wort „das" (oder „daß") viermal hintereinander vorkommt.
Ich bezweifle, daß das Das das ist, das du ausradiert hast.

das Wort „Fliegen" sechsmal hintereinander vorkommt.
Wenn hinter Fliegen Fliegen fliegen, fliegen Fliegen Fliegen nach.

das Wort „und" fünfmal hintereinander vorkommt.
Bei genauerer Betrachtung des alten Gasthausschildes stellte ich fest, daß die Abstände zwischen „Hausschlachtung" und „und" und „und" und „Fremdenzimmer" ungleich waren.

das Wort „sein" fünfmal hintereinander vorkommt.
Für Tom bedeutet mehr als Erwachsensein sein Sein sein; sein Vater ist zwar auch erwachsen, kann sich aber seelisch nicht entfalten.

das Wort „nie" fünfmal hintereinander vorkommt.
Leider sah Paganini nie Ninive.

das Wort „Essig" sechsmal vorkommt.
Essig eß ick nicht, eß ick Essig, eß ick Essig im Salat.

das Wort Pascha, Geisha und Krischan vorkommen, ohne darin vorzukommen.
Pasch aber gut auf! Gehscha ganz krumm. Krischa'n Buckel!

das Wort „Griechen" sechsmal hintereinander vorkommt.
Wenn hinter Griechen Griechen griechen, griechen Griechen Griechen nach.

„Du mußt deinen Gummibaum gießen, sonst verdörrt er dir!"
Wie sagt es der Frankfurter?
„Du mußt daan Gummibaam gieße, sonst verder der der!"

Ein schlechter Schüler

Ein schlechter Schüler

Als ich noch zur Schule gehte,
zählte ich zu den ganz Schlauen.
Doch ein Zeitwort recht zu biegen,
bringte immer Furcht und Grauen.

Wenn der Lehrer mich ansehte,
sprechte ich gleich falsche Sachen,
für die anderen Kinder alle
gebte das meist was zum Lachen.

Ob die Sonne fröhlich scheinte
oder ob der Regen rinnte,
wenn der Unterricht beginnte,
sitz ich immer in der Tinte.

Ob ich schreibte oder leste,
Unsinn machte ich immer.
Und statt eifrig mich zu bessern,
werdete es nur noch schlimmer.

Als nun ganz und gar nichts hälfte,
prophezie mir unser Lehrer:
Wenn die Schule ich verlaßte,
wörde ich ein Straßenkehrer.

Da ich das nicht worden willte,
kommte ich bald auf den Trichter,
stak die Nase in die Bücher
und so werdete ich Dichter.

Heike Wendling

Uran und Jeans

9–10 *Text vorlesen*

Der Unterschied zwischen Uran und Jeans läßt sich am besten anhand der Gemeinsamkeiten darstellen. Eine bemerkenswerte Gemeinsamkeit bezieht sich auf die Halbwertszeit. Bei Halbwertszeit denken Sie vielleicht an Fußball und an den Stand zur Halbzeit: Deutschland–Italien 1:0. Aber mit Fußball hat die Halbwertszeit nichts zu tun; dagegen hat sie sehr viel zu tun mit den Uranbrennstäben in einem Kernkraftwerk. Wenn Sie meinen, damit hätten nun wieder Jeans wenig zu tun, dann sind Sie wahrscheinlich nicht allzuweit in die Geheimnisse der Atomphysik eingedrungen. Hier sind die Gemeinsamkeiten: Jeans werden aus Jeansstoff gemacht, wie die Brennstäbe in einem Kernkraftwerk aus radioaktivem Stoff gemacht werden, und dieser zerfällt mit der Zeit, wie Jeansstoff mit der Zeit zerfällt, obgleich er sehr strapazierfähig ist. Wenn nun radioaktiver Stoff auf die Hälfte seiner ursprünglichen Masse zerfallen ist, so hat er seine Halbwertszeit erreicht. Beim Jeansstoff ist das genauso, und der Zerfall ist zuerst an den Knien der Jeans zu bemerken. Wenn die Jeansmasse an dieser Stelle stark reduziert worden ist, setzt man einen Flicken auf, um den weiteren Zerfall zu bremsen. Verhindern läßt sich der Zerfall dadurch aber nicht, und schließlich wird die Jeansmasse in der Gegend der Knie rundum so dünn, daß da nichts mehr ist, worauf man einen Flicken setzen könnte. Wenn dieser Punkt erreicht ist, werden die Jeans oberhalb der Knie abgeschnitten, und damit ist die Halbwertszeit der Jeans erreicht.

Den über den Knien abgeschnittenen Teil der Jeans trägt man nun als Shorts. Mit dem anderen Teil der Jeans verhält es sich ähnlich wie mit dem Atommüll, das heißt, dieser Jeansmüll wird zunächst einmal zwischengelagert und kann zur Wiederaufbereitung von anderen Jeans zur Verfügung stehen, denn hieraus werden die Flicken geschnitten, die auf andere Jeans aufgesetzt werden, und anderswoher könnten diese Flicken nicht kommen.

Die als Shorts getragenen Restjeans zerfallen allerdings weiter, da die Schnittstellen ausfransen, und da dieser ausgefranste Rand immer wieder abgeschnitten wird, werden die Shorts immer shorter, bis sie so short sind, daß da nicht viel mehr übrig ist als der Reißverschluß, aber auch der wird dann gelagert, und zwar zu Aufbereitung solcher Jeans, bei denen der Reißverschluß früher als der Rest zerfallen ist, denn auch das kommt vor.

Das Wichtigste aber an diesem Zerfall der Jeans ist die Tatsache, daß sie nie gänzlich zerfallen, sondern daß zwar immer weniger davon übrigbleibt, aber eben immer nur etwas. Und das ist genau dasselbe bei den radioaktiven Stoffen. Man kann auch bei ihnen nur von der Halbwertszeit ihres Zerfalls sprechen, denn ganz verschwinden sie nie. Aus dieser verblüffenden Ähnlichkeit zwischen Jeansstoff und radioaktivem Stoff darf man nun aber keine falschen Schlußfolgerungen ziehen. Wir wollen hier nur anhand von Jeans die Funktion von Kernkraftwerken erläutern, und um etwaigen Mißverständnissen vorzubeugen, erklären wir hier ausdrücklich, daß Jeans nur in bezug auf die Halbwertszeit eine Übereinstimmung mit Uran aufweisen, denn dieses ist der eigentliche Unterschied zwischen Uran und Jeans: Jeans sind nicht radioaktiv.

Quelle: unbekannt

Macht und Mini

8–10   *Text vorlesen*

Manchmal sucht der Lehrer nach passenden Vergleichen, um einen Sachverhalt zu erläutern. Dabei kann ruhig etwas übertrieben werden, denn „Übertreibung veranschaulicht". Mit der Behauptung „Der Minirock ist schuld daran, daß Großbritannien keine Weltmacht mehr ist" kann ein Vergleich mit dem Kreislauf im Ökosystem angestellt werden.

England wäre ohne seine Marine niemals Weltmacht geworden. Aber was wäre eine Marine ohne die tüchtigen Soldaten und Matrosen? Tüchtige Soldaten waren aber die Untertanen der Queen nur, weil sie vorzüglich ernährt wurden, nämlich von ausgezeichnetem englischen Rindfleisch.

Allerdings gedeihen die Rinder, die das prächtige Rindfleisch liefern, nur auf fruchtbaren Kleewiesen. Der Kleereichtum englischer Wiesen wiederum hängt mit der langen Zunge der Hummel zusammen. Diese lange Zunge dringt tief in die Kleeblüte ein, so tief, wie es sonst kein Insekt kann. Hummeln sind also die erfolgreichen Kleebestäuber.

Nun räubert die Feldmaus gern die Hummelnester und frißt den Honig der Junghummeln auf. Eine Mäuseplage würde aber die Kleewiesen veröden lassen, wenn es die Katzen nicht gäbe. Katzen sind wiederum vor allem die Haustiere der englischen Jungfern, die keinen Mann gefunden haben.

Durch die Erfindung des Minirocks ging die Zahl der Jungfern in Großbritannien immer weiter zurück und damit auch die Zahl der Katzen.

So kann mit Recht behauptet werden, daß Mary Quant, die Erfinderin des Minirocks, die Verantwortung für den Verlust der Weltherrschaft Großbritanniens trägt.

Aus dem Englischen

Die unheimliche Geschichte

6–8 **Text vorlesen oder erzählen**

Mir ist früher einmal etwas sehr Merkwürdiges passiert; man kann schon sagen, daß es eine unheimliche Begebenheit war. Ich war damals noch nicht so erfahren wie heute und habe deshalb einen Schock erlitten ...

Es fing damit an, daß ich nur im letzten Augenblick die Straßenbahn erwischen konnte, mit der ich jeden Montag in die Berufsschule nach Hannover gefahren bin. Ich war damals Lehrling in einer Maschinenfabrik, hatte wenig Geld und mußte meinen ganzen Verdienst zu Hause abgeben, weil meine Eltern sehr arm waren.

Ja, jetzt kann ich mich wieder an alles genau erinnern. Also, ich springe auf die Straßenbahn, und noch ganz außer Atem gehe ich nach vorn zum Schaffner, um mir eine Fahrkarte zu holen. Ich ziehe mein Portemonnaie aus der Tasche und hole ein Zweimarkstück heraus. Als ich es dem Schaffner geben will, stößt mich jemand an und das Geldstück fällt mir aus der Hand. Ich will noch nach dem Zweimarkstück greifen, aber es rollt am Boden entlang nach hinten in die Straßenbahn.

Natürlich habe ich mich sehr erschreckt, denn zwei Mark sind für mich eine Menge Geld. Da sehe ich, wie eine alte Frau das Geldstück aufhebt und einsteckt. Schnell habe ich mich an den stehenden Fahrgästen vorbeigedrängt und stehe neben der Frau. „Darf ich bitte die zwei Mark wiederhaben?" sage ich höflich. „Sie gehören mir."

Die alte Frau schaut mich mit bösen Augen an: „Die habe ich eben gerade gefunden, und was ich finde, behalte ich auch." Ich schaue mich um; vielleicht kann mir jemand von den Fahrgästen helfen? Aber alle gucken weg oder in ihre Zeitung. Sie wollen sich nicht einmischen.

„Die zwei Mark gehören mir, ich habe sie beim Bezahlen fallen gelassen und ..." Die Alte bleibt stur. Da werde ich wütend und packe sie am Arm. „Geben Sie mir sofort meine zwei Mark zurück", sage ich mit lauter Stimme. „Laß mich los, du Flegel", schreit die Frau und steht auf. Der Schaffner schaut schon böse und mißtrauisch zu uns herüber. „Bitte, geben Sie mir meine zwei Mark wieder", flehe ich, „es ist mein letztes Geld und ich muß in die Schule fahren."

Die alte Frau kümmert sich nicht mehr um mich, nimmt ihre Tasche und geht zur Straßenbahntür. Die Bahn hält und die Alte steigt aus. Ich hinterher. Ohne Fahrkarte müßte ich sowieso aussteigen. An der Haltestelle stehen viele Leute, verhindern also, daß ich die alte Frau sofort packe und festhalte. Mit schnellen Schritten geht sie in Richtung Brinker Hafen, ohne sich umzudrehen.

Unterwegs hole ich sie ein und halte sie fest: „Geben Sie sofort die zwei Mark her!" Sie reißt sich los und schreit: „Hau endlich ab, oder ich schreie um Hilfe!" Verzweiflung packt mich. Ich muß doch zur Schule, wir schreiben heute eine wichtige Klassenarbeit! „Bitte", flehe ich, „geben Sie mir mein Geld." Die Alte geht, nein rennt, weiter. Ich schaue mich um – keine Menschenseele weit und breit. Eine gute Gelegenheit. Ich mache ein paar schnelle Schritte, bin hinter ihr und reiße ihr die Tasche aus der Hand. Sie ist, wie ich erstaunt feststelle, sehr schwer.

„Geben Sie mir sofort mein Geld wieder, oder ich behalte die Tasche!" Die Alte bleibt aber nicht stehen – zu meiner Verwunderung geht sie weiter. Ich höre noch, wie sie sagt: „Behalt doch die Tasche und verschwinde endlich."

Ich bleibe verdutzt stehen. Sie verzichtet auf ihre gefüllte Einkaufstasche? Schon ist die alte Frau hinter dem nächsten Häuserblock verschwunden. Ich betrachte interessiert die Tasche. Nun habe ich doch ein schlechtes Gewissen. Wenn mich jemand beobachtet hat? Ich habe kein gutes Gefühl und gehe schnell in Richtung Hafen.

In einer stillen Seitenstraße mit Fabrikgebäuden zu beiden Seiten bleibe ich stehen und untersuche die Tasche. Ich öffne mit klopfendem Herzen den Reißverschluß. Ein blutiges Hemd kommt zum Vorschein, Zeitungspapier, und dann etwas, das wie eine Hand aussieht. „Polizei" ist mein erster Gedanke. Aber ich will mich selbst nicht in noch mehr Schwierigkeiten bringen. Was mögen das nur für grausige Knochenteile sein? Mein Vater würde sich da auskennen – er war im Krieg Sanitäter.

Mein Vater – das war in dieser Situation die Rettung. Ich muß so schnell es geht zu meinem Vater, der hier in der Nähe in einer Gärtnerei arbeitet. Mein Vater ist sehr überrascht, als er mich sieht. Ich erzähle ihm aufgeregt die Geschichte. Er schüttelt nur den Kopf und schaut sich den Inhalt der Tasche genauer an: „Bärenknochen", sagt er, „nichts als Bärenknochen."

Und wißt ihr auch, von wem die Knochen waren? Von dem Bären, den ich euch mit dieser Geschichte aufgebunden habe.

4. Kleine Handversuche aus der Physik

Hilfskompaß

Wir füllen eine Schale mit Wasser und legen vorsichtig eine Rasierklinge auf die Wasseroberfläche. Die Rasierklinge geht nicht unter, weil die Gegenkraft durch die Oberflächenspannung des Wassers größer ist als die Gewichtskraft der Klinge. Aber was können wir noch beobachten?

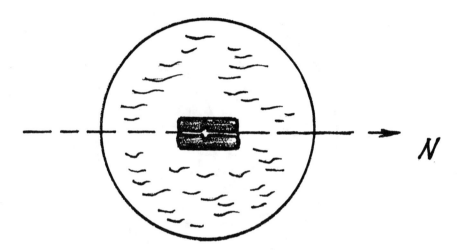

Die Rasierklinge richtet sich nach Norden aus! Das Magnetfeld der Erde übt auf die Eisenklinge eine Drehkraft aus. Wir haben einen kleinen Kompaß gebaut. Sehr schön läßt sich dieser Versuch auf dem Overheadprojektor zeigen, wenn man eine durchsichtige Schale (Petrischale aus der Chemiesammlung) nimmt.

Oberflächenspannung

7–9 Schale mit Wasser, Streichölzer, Würfelzucker, Seifenpulver

Nun entfernen wir die Rasierklinge und legen mehrere Streichhölzer auf die Wasseroberfläche. Sie schwimmen, da ihre Dichte geringer ist als die Dichte des Wassers. Jetzt legen wir ein kleines Stück Würfelzucker in das Wasser. Was beobachten wir?

Die Streichhölzer schwimmen alle in eine Richtung und sammeln sich in der Mitte. Wie ist das zu erklären? Zucker erhöht die Oberflächenspannung des Wassers. An dem Rand der Schale erhöht sich der Meniskus. Das Wasser fließt zur Mitte und nimmt die Streichhölzer mit.

Den gegenteiligen Effekt erreicht man, wenn man einen kleinen Klumpen Seifenpulver in das Wasser legt. Seife senkt die Oberflächenspannung, und die Streichhölzer zerstäuben in alle Richtungen.

Adhäsion, Kohäsion

7–9   *Größere Wasserschale, Holzbrettchen nach Skizze,*
Öltropfen

Nun wird ein kleines Holzbrettchen in eine größere Wasserschale gelegt.
Das Brettchen wird etwa nach den Umrissen der Zeichnung ausgesägt. Ein
kleiner Öltropfen in die Erweiterung des hinteren Schlitzes geträufelt setzt
das kleine Boot in Bewegung und treibt es durch die Wasserschale.

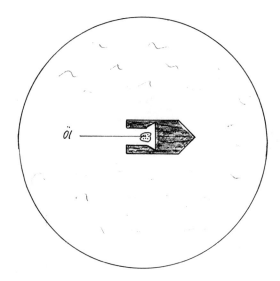

Erklärung:
Die Adhäsionskräfte zwischen Wasser und Öl sind größer als die Kohä-
sionskräfte der Ölmoleküle untereinander. Das Öl breitet sich deshalb auf
der Wasseroberfläche aus. Dabei stößt es an die Wände des kleinen Holz-
bootes und übt einen Impuls aus, der das Boot vorwärts treibt. Macht man
die „Düse" nach hinten sehr eng, kann der „Ölantrieb" das Boot über weite
Entfernungen treiben.

Wärmeleitfähigkeit 1

7–9 *Zigarette, Taschentuch, Fünfmarkstück*

Eine brennende Zigarette läßt sich auf einem Taschentuch oder einem Geldschein, das auf einem Fünfmarkstück aufliegt, ausdrücken, ohne daß dabei das Gewebe oder das Papier ansengt.

Erklärung:
Das Metall des Fünfmarkstückes leitet die Wärme der Zigarettenglut so gut ab, daß die „Versengungstemperatur" des Stoff- oder Papiergewebes nicht erreicht wird.

Wärmeleitfähigkeit 2

7–10 *Größere Konservendose aus Blech*

Stecke deine Hand in eine leere Blechdose. Du stellst fest, daß es im Innern der Dose viel wärmer ist als außerhalb. Nun nimmst du deine Hand heraus und faßt die Blechdose von außen an. Nanu? Sie fühlt sich sehr kalt an. Wie kannst du dir diese unterschiedlichen Wärmeempfindungen erklären?

Erklärung:
Die von der Hand abgestrahlte Wärme wird an der Dosenwand reflektiert und strahlt zur Hand zurück. Diese Strahlungswärme mit einer Temperatur von ca. 37 °C erzeugt ein deutlich höheres Wärmegefühl als die umgebende – meist kühlere – Zimmerluft.
Berührst du dagegen die Dosenoberfläche, leitet das Blech die Wärme sehr schnell weg. Die Dosenwand fühlt sich deshalb kühl an, obwohl sie die gleiche Temperatur wie die Umgebungsluft hat. Aluminium hat eine 8000-mal größere Wärmeleitfähigkeit als Luft.

Impulserhaltung

9–10   Münzen

Sechs gleiche Münzen (z. B. Zehnpfennigstücke) legt man so entlang einer Reihe, daß sich alle berühren. Nun stoßen wir mit etwas Schwung eine siebte Münze gegen den Anfang der Reihe, wie es die Skizze zeigt. Wir stellen fest, daß nach dem Stoß nur die letzte Münze fortgestoßen wird, während alle anderen Münzen, einschließlich der Münze, die den Stoß ausgeführt hat, in Ruhe verharren. Warum?

Erklärung:
Sämtliche Münzen, außer der letzten, haben keine Möglichkeit, sich von der Stelle zu bewegen, da sie von beiden Seiten durch benachbarte Münzen festgehalten werden. Die gesamte Bewegungsenergie der stoßenden Münzen und damit auch der Impuls geht in die Münzreihe in Form einer Welle über. Vom Augenblick des Stoßes an läuft durch die Münzenreihe eine Verdichtungs- und Ausdehnungswelle.
Wie sieht es bei der letzten Münze aus? Nach ihrer Verdichtung durch die vorangehende Münze dehnt sie sich wieder aus, findet aber dabei nach außen keinen Widerstand. Energie und Impuls der Welle kann sich demnach wieder in einer Bewegung äußern. Die letzte Münze rutscht daher mit der gleichen Geschwindigkeit der wellenartigen Bewegung im Inneren der Reihe nach außen hin weg.

In einem zweiten Experiment lassen wir zwei Münzen, die hintereinander geschoben werden, gegen die nun aus fünf Münzen bestehende Reihe prallen. Erstaunt stellen wir fest, daß jetzt die beiden letzten Münzen fortgestoßen werden. Zur Begründung sei gesagt, daß zwei elastische Wellen kurz hintereinander durch die Reihe laufen.

Strömungsfäden

9–10   *Flasche, Kerze*

Eine Kerze auspusten ist doch eine einfache Angelegenheit, werden die meisten von euch denken. Aber kann man eine Kerze auspusten, die man dicht hinter eine sehr dicke runde Flasche stellt und so pustet, wie es die Abbildung zeigt?

Viele werden annehmen, daß sich hinter der Flasche – also dort, wo sich die brennende Kerze befindet – ein strömungsfreier Raum bildet, die Kerze also im „Windschatten" steht. Tatsächlich wird aber die Kerze ausgepustet.

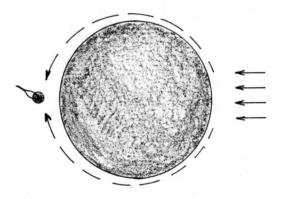

Erklärung:
Die Strömungsfäden schmiegen sich an die glatte Oberfläche der Flasche an, und es entsteht ein kleiner Unterdruck an der Flaschenwand (siehe auch die Erklärung des nächsten Versuches). Der äußere Luftdruck sorgt dafür, daß sich auch noch hinter der Flasche die Strömungsfäden an die Flaschenwand anschmiegen. Dort, wo die Kerze steht, treffen sich die getrennten Strömungsfäden, verwirbeln sich und blasen die Kerze aus.

Strömung und Luftdruck

7–10   Postkarte, zwei DIN A 4-Blätter

Knicke eine Postkarte so, wie es die Skizze zeigt, und lege sie auf einen Tisch. Versuche jetzt durch kräftiges Pusten, die Postkarte wegzublasen. Es gelingt dir nicht.

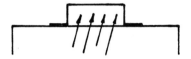

Erklärung:
Ein Teil des Luftstromes bewegt sich zwischen der Tischoberfläche und der Postkarte. Da dieser Teil der Luft eine größere Geschwindigkeit als die (ruhende) Umgebung hat, wird unterhalb der Postkarte ein Unterdruck erzeugt (Gesetz von Bernoulli). Der größere äußere Luftdruck preßt die Karte fest auf den Tisch. Der andere Teil des Luftstromes streicht von oben über die Karte und verstärkt noch den Anpreßdruck.

Ähnliche Gesetzmäßigkeiten treten bei dem folgenden „Blasversuch" (1) auf: Zwei leichte DIN A 4-Blätter, deren obere Ränder abgeknickt sind, werden so gehalten, wie es die Abbildung zeigt. Dann bläst man von oben kräftig zwischen die beiden nach unten hängenden Blätter. Der äußere Luftdruck, der auch von der Seite wirksam ist, ist größer als der Druck zwischen den Papierblättern (Erklärung siehe oben) und preßt die beiden Blätter zusammen.

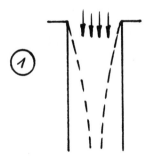

Ein ähnlicher, für den Nichtfachmann überraschender Effekt, tritt auf, wenn man so über ein leichtes Papier (am besten nimmt man ein DIN A 5-Schreibmaschinenblatt) hinwegpustet, wie es die folgende Abbildung (2) zeigt. Das Blatt, mit beiden Händen am geknickten Rand gehalten, hängt zuerst mit der losen Seite nach unten, der Schwerkraft folgend. Dann wird kräftig über das Blatt gepustet. Das Blatt hebt sich fast waagerecht, weil der Druck über dem Blatt kleiner ist als der Luftdruck unter dem Blatt – verursacht durch die größere Luftgeschwindigkeit.

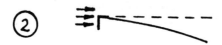

Aerodynamischer Auftrieb

9–10   *Staubsauger oder Föhn, Luftballon, kleines Gewicht, Tischtennisball*

Ein eindrucksvoller Versuch gelingt mit einem runden Kinderluftballon. Man bläst ihn auf und hängt an das abgebundene Ende ein Massenstückchen von ca. 10 Gramm. Die Rückseite eines Staubsaugers als Winderzeuger strömt in einem Winkel von etwa 60° so gegen den Ballon, daß dieser ein bis zwei Meter frei über dem Winderzeuger schwebt.
Dieser Versuch gelingt auch mit einem Föhn und einem Tischtennisball.

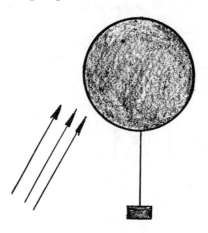

Schnarchen

9–10 *Garnrolle oder durchbohrter Gummistopfen, Papierblatt oder Postkarte*

Ein hübsches Experiment gelingt auch mit einer Garnrolle und einem kleinen Papierblatt. Man hält das Blatt Papier unter die Öffnung der Garnrolle und bläst kräftig von oben in die Rolle hinein. Das Blatt wird nicht etwa weggedrückt, sondern zur Rolle hin angehoben!

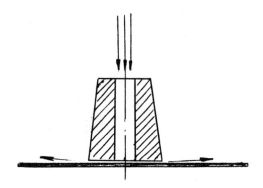

Erklärung:
Die eingeblasene Luft zwischen dem unteren Teil der Garnrolle und dem Papierblatt tritt zur Seite hin aus. Also ist die Strömungsgeschwindigkeit über dem Papierblatt größer als unter dem Blatt. Der statische Druck ist deshalb zur Rolle hin gerichtet und drückt das Blatt fest an die Rolle. Dadurch wird aber der Luftstrom unterbrochen und das Blatt fällt wieder etwas ab. Der Vorgang wiederholt sich und es entsteht ein schnarrendes Geräusch.
Das menschliche Schnarchen kommt in ähnlicher Weise zustande. Die Luftröhre ist mit der Garnrolle zu vergleichen und dem Gaumensegel entspricht das Papierblatt.
Der Versuch gelingt auch gut mit einem durchbohrten Gummistopfen und einer möglichst steifen Postkarte.

Der widerspenstige Korken

7–10   *Reagenzglas, kleiner Korken*

In ein weites Reagenzglas oder eine größere Weinflasche legt man einen kleineren Korken, wie es die Abbildung zeigt. Dann hält man das Reagenzglas waagerecht und versucht, durch kräftiges Blasen, den Korken tiefer in das Glas zu bringen. In Wirklichkeit tritt aber genau das Gegenteil ein: Der Korken fliegt aus der Flasche heraus, und zwar um so schneller, je stärker man pustet. Warum?

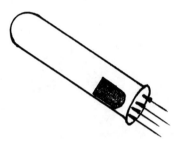

Erklärung:
Sobald wir versuchen, den Korken in das Reagenzglas hineinzupusten, dringt ein Luftstrahl durch den Spalt zwischen Korken und Wand in das Glas ein. Die Geschwindigkeit des Luftstrahles erhöht sich stark, und die Luft im Inneren des Reagenzglases wird zusammengedrückt. Durch die Elastizität der Luft wird dann der Korken herausgeschleudert.
Um den Korken in das Glas hineinzubefördern, muß man nicht blasen, sondern die Luft einsaugen. Dadurch wird der Luftdruck im Glas erniedrigt, und der Korken rutscht durch die Kraft des äußeren Luftdrucks in das Glas.

Die Fallgeschwindigkeit

8–10   Stahlkugel, Styroporkugel, Tischtennisball

Welche Kugel fällt schneller? Natürlich die Stahlkugel, werden die Schüler antworten. Vorher hat der Lehrer zwei gleich große Kugeln gezeigt, eine aus Stahl und eine aus Styropor (oder Holz, Kork ...). Die Kugeln sollen den gleichen Durchmesser haben, damit beim freien Fall auf beide der gleiche Luftwiderstand wirkt. Jetzt steigt der Lehrer auf den Tisch und läßt die beiden Kugeln aus derselben Höhe gleichzeitig fallen. Beide Kugeln kommen zur gleichen Zeit auf dem Boden an.

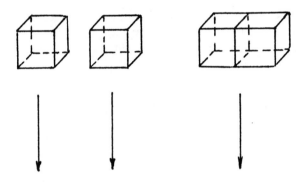

Erklärung:
Im luftleeren Raum fallen alle Körper gleich schnell, unabhängig davon, wie groß die Masse ist. Das gleiche Gesetz gilt auch für den lufterfüllten Raum, wenn auf beide (unterschiedlich schweren) Körper der gleiche Luftwiderstand einwirkt.

Besonders einleuchtend läßt sich dieser Sachverhalt erklären, wenn man zwei Holzwürfel etwas voneinander entfernt hält und aus gleicher Höhe gleichzeitig fallen läßt. Natürlich haben beide die gleiche Fallgeschwindigkeit. Sie ändert sich auch nicht, wenn man den Abstand zwischen ihnen verkleinert. Warum sollte die Fallgeschwindigkeit dann größer werden, wenn der Abstand zwischen ihnen Null wird – die Würfel also zusammengeklebt werden?

Hebelgesetz und Reibung

9–10   *Langer Holzstab*

Lege einen langen Holzstab (den Zeigestock, ein Lineal oder etwas Ähnliches) mit den beiden Enden auf deine Zeigefinger, wie es die Abbildung zeigt.

Dann versuche, mit beiden Zeigefingern gleichzeitig, die Mitte des Stabes zu erreichen. Du stellst zwei Dinge fest: Beide Finger bewegen sich niemals gleichzeitig, wenn der Holzstab dabei nicht verschoben wird, und beide Finger treffen immer im Schwerpunkt des Stabes zusammen.

Erklärung:
Wir nehmen an, daß der Schwerpunkt des Holzstabes nicht genau in der Mitte liegt, sondern bei Punkt x. Am Anfang ist das System im Gleichgewicht, denn die nach links drehenden Momente sind gleich den nach rechts drehenden Momenten ($M_{links} = M_{rechts}$).

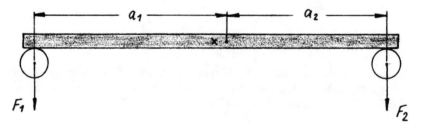

$$F_1 \cdot a_1 = F_2 \cdot a_2$$

F_1 und F_2 sind die Lagerkräfte, die von den Fingern 1 und 2 aufgenommen werden. a_1 und a_2 sind die jeweiligen Abstände vom Schwerpunkt x.

Jetzt soll Finger 1 in Ruhe bleiben und Finger 2 bewegt sich zur Mitte. Das bedeutet, daß die Reibungskraft F_{R1} am Finger 1 größer ist als die Reibungskraft F_{R2} am Finger 2. Es handelt sich um Haftreibungskräfte, denn beide Finger waren ja in Ruhe!

$$F_{R1} = \mu_H \cdot F_1 > F_{R2} = \mu_H \cdot F_2$$

Dabei sind F_{R1} und F_{R2} die Reibungskräfte an den Fingern und μ_H ist der Haftreibungskoeffizient (die Haftreibungszahl).

Nun bewegt sich der Finger 2 ein ganzes Stück weiter, weil jetzt Gleitreibung an Finger 2 herrscht. Das bedeutet, daß die Reibungskraft kleiner ist als vorher, denn die Gleitreibungszahl μ_G ist kleiner als die Haftreibungszahl μ_H.

$$F_{R1} = \mu_H \cdot F_1 \gg F_{R2} = \mu_G \cdot F_2$$

Aber dann wird a_2, der Hebelarm zum Schwerpunkt, kleiner und damit F_2 größer, da ja immer noch das Drehmomentengleichgewicht $F_1 \cdot a_1 = F_2 \cdot a_2$ gilt.

Wenn $F_2 \cdot \mu_G$ größer wird als $F_1 \cdot \mu_H$, dann rutscht der Finger 1 zur Mitte, bis $F_1 \cdot a_1$ größer als $F_2 \cdot \mu_H$ wird. Das geht solange weiter, bis die beiden Hebelarme a_1 und a_2 gegen Null gehen. An dieser Stelle aber befindet sich der Schwerpunkt x des Holzstabes.

Haften und Gleiten

8–10 *Schlüssel, Bleistift*

Man schiebt einen Schlüssel mit seinem Ring über einen runden Bleistift. Dann wird der Bleistift etwas geneigt, so daß der Schlüssel gerade noch nicht rutscht. Sowie man den Stift dreht, beginnt der Schlüssel zu gleiten. Wie ist das zu erklären?

Erklärung:
Zunächst verhindert die größere Haftreibung das Hinabgleiten. Wenn der Stift aber etwas gedreht wird, so ist vom Schlüssel nur noch die kleinere Gleitreibung zu überwinden.

Was würde Archimedes dazu sagen?

9–10   *Tafelbild*

Ein Lastkahn hat Steine geladen und liegt 1 Meter tief im Wasser. In einer Schleuse läßt der Schiffer einen sehr schweren Stein aus dem Kahn ins Wasser werfen. Sinkt nun das Wasser in der Schleuse oder steigt der Wasserstand an? Vielleicht verändert er sich überhaupt nicht?

Lösung:
Wenn der Stein auf dem Grund der Schleuse liegt, verdrängt er soviel Wasser, wie sein Volumen beträgt. Das Volumen kann bestimmt werden, indem man die Masse durch die Dichte teilt $\left(V = \dfrac{m}{\varrho} \right)$. Wenn der Stein z. B. eine Masse von 18 kg hat und eine Dichte von 3 kg/dm³, verdrängt er 6 Liter Wasser.

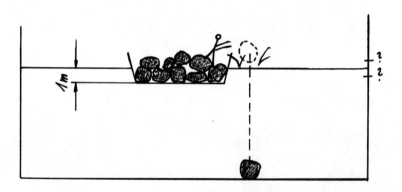

Es ist nun gleichgültig, ob der Stein eine große oder kleine Dichte hat (z. B. hat Gold die Dichte 19,4 und Aluminium die Dichte 2,7). Die Dichte muß nur größer als 1 sein (das ist die Dichte von Wasser), damit der Stein untergeht.

Liegt der Stein dagegen im Boot, ändern sich die Verhältnisse: Nun drückt der Stein entsprechend seinem Gewicht das Boot tiefer ins Wasser. Dabei verdrängt das Boot – verursacht durch das Gewicht des Steines – soviel Wasser, wie der Stein wiegt. In unserem Beispiel sind das 18 Liter.

Der Wasserspiegel sinkt also, wenn der Stein in die Schleuse geworfen wird.

Die träge Masse

Eine Kugel mit einer Masse von 10 kg wird an einem Faden aufgehängt. Ein zweiter Faden wird unten an der Kugel befestigt, wie es die Abbildung 1 zeigt. Es handelt sich um zwei gleiche Fäden. Nun wird an dem unteren Faden gezogen. Wo reißt der Faden zuerst, bei a oder bei b?

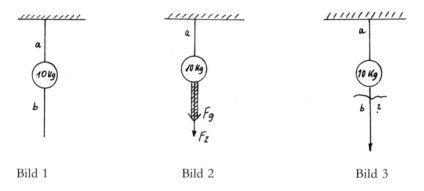

Bild 1   Bild 2   Bild 3

Lösung:
Natürlich bei a, weil zu der Zugkraft F_Z noch die Gewichtskraft F_G hinzukommt (siehe Bild 2).

Kann unter bestimmten Umständen der Faden auch bei b (siehe Bild 3) zuerst reißen?

Lösung:
Ja, wenn man mit einer größeren Beschleunigung als $g = 9,81$ m/s^2 zieht. Dann verhindert die Trägheit der Kugel, die ihren Platz behalten will, ein Abreißen bei a, und der Faden reißt bei b.

Optische Täuschungen

Der Lehrer überträgt die abgebildeten Beispiele auf eine Folie und zeigt sie mit dem Overheadprojektor. Die Vergrößerung läßt die Bilder besonders eindrucksvoll erscheinen.

1 Vierfache Spirale. Neigt man die Folie auf dem Projektor, hat es den Anschein, daß sich Speichen links und rechts herum drehen.

2 Linke und rechte Diagonale sind gleich lang.

3 Die drei Punkte sind untereinander gleichweit entfernt.

4 Alle fünf senkrechten Linien laufen parallel.

5 Die Strecke AB ist gleich der Strecke BC.

6 Der Raumeckpunkt P erscheint einmal nach vorn, ein andermal nach hinten verrückt.

7 Die mittlere Linie erscheint einmal erhaben, ein anderes Mal nach hinten versetzt.

8 Die Waagerechte AB ist genauso lang wie die Senkrechte DC.

9 Die beiden waagerechten Geraden sind gleichlang.

10 Die beiden waagerechten Geraden sind gleichlang.

11 Zwei Gesichter oder eine Vase?

12 Durch den Hintergrund erscheinen die beiden Senkrechten nach innen konkav gebogen, sie sind aber parallel.

13 Durch den Hintergrund entsteht der Eindruck, daß die beiden Senkrechten nicht parallel, sondern gewölbt (konvex) sind.

14 Die erste der drei „Illusionsfiguren". Man kann von Stufe zu Stufe steigen und gelangt doch nicht nach oben. Es handelt sich um eine Figur, die man zwar zeichnen, aber nicht bauen kann.

15 Drei verwundene Balken. Wie sind sie miteinander verbunden? Welcher der drei Balken liegt oben, welcher unten?

16 Drei Röhren? Wohin fließt das Wasser, das in die mittlere Röhre eingefüllt wird?

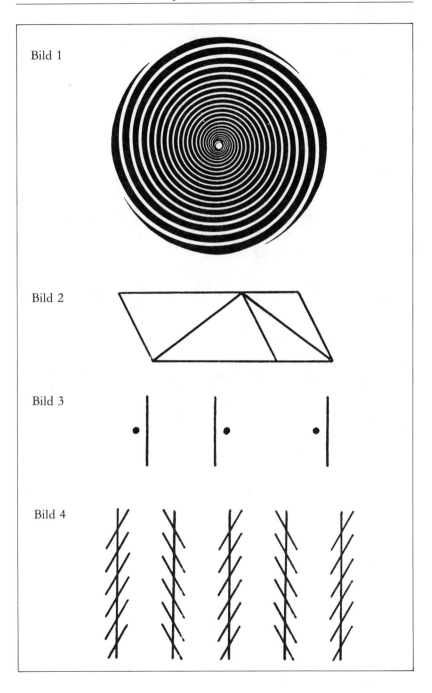

Bild 1

Bild 2

Bild 3

Bild 4

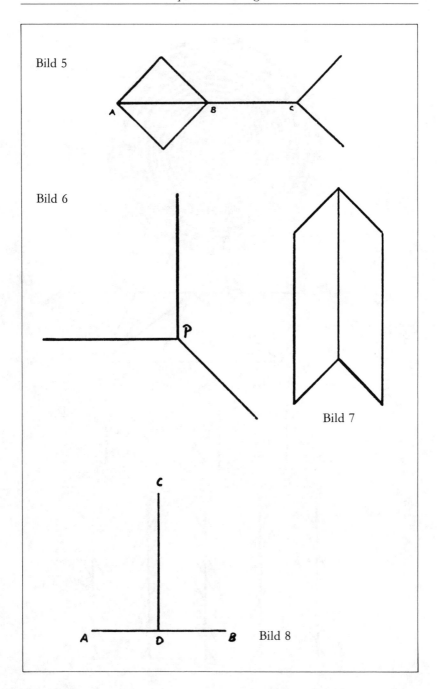

Bild 5

Bild 6

Bild 7

Bild 8

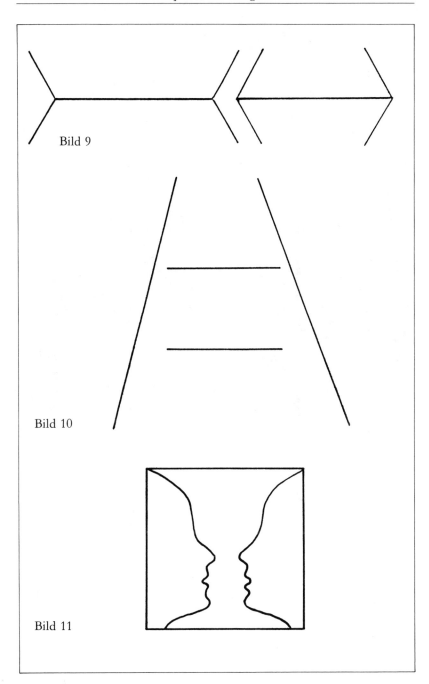

Bild 9

Bild 10

Bild 11

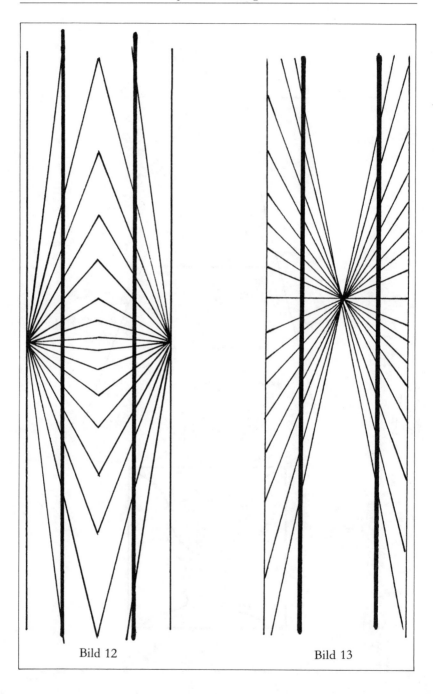

Bild 12   Bild 13

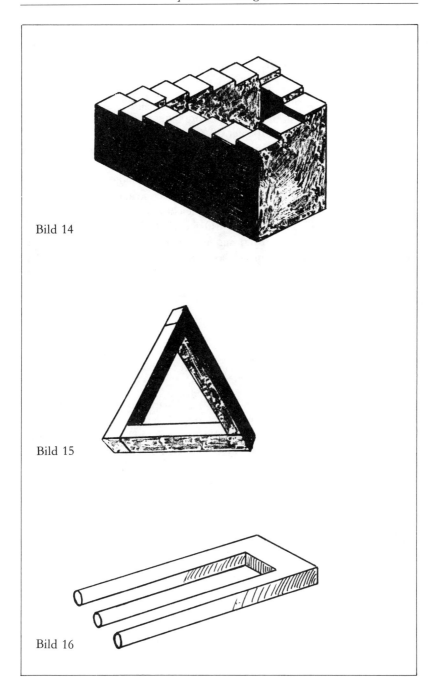

Bild 14

Bild 15

Bild 16

Geheimschrift

6–9   *Farbiger Filzstift, farbige Folie*

Für diese Geheimschrift braucht der Schreiber lediglich einen roten und einen andersfarbigen Filzstift und der Empfänger eine rote durchsichtige Folie (oder rotes Transparentpapier oder rot eingefärbtes Glas).
Der Text wird mit einem grünen Filzstift (oder einer anderen Farbe, außer rot) auf normales weißes Papier geschrieben.
Anschließend wird der Text unkenntlich gemacht, indem man mit roter Schrift kreuz und quer über die grünen Textstellen kritzelt. Der Empfänger kann den auf diese Weise entstellten Text leicht entschlüsseln, indem er die rote durchsichtige Folie auf das Schriftbild legt. Durch die rote Folie erscheint der gesamte Hintergrund der Schrift rot und verschluckt dadurch die störenden gekritzelten Linien. Das grüne Schriftbild tritt klar und deutlich hervor.

Farben wechseln sich

5–10   *Farbiger Buchdeckel o. ä., weiße Wand*

Die Schüler nehmen einen Buchdeckel, eine Mappe oder etwas Ähnliches, das eine grelle Farbe hat. In der Mitte des Gegenstandes bringen sie ein kleines Zeichen an. Nun halten sie den Gegenstand und den Kopf unbeweglich und fixieren mit beiden Augen das kleine Zeichen etwa eine halbe Minute lang. Während dieser Zeit dürfen sie die Augen nicht vom gezeichneten Punkt abwenden und auf etwas anderes schauen. Dazu gehört schon ein wenig Willenskraft.
Nach Verstreichen der genannten Zeit blicken sie vom Gegenstand weg auf eine glatte, weiße, etwa gleich große Fläche.
Nun vermutet jeder, daß man die weiße Fläche auch in der Farbe weiß sieht. Aber die Überraschung ist groß: Man sieht das Bild des Gegenstandes – allerdings in einer anderen Farbe! War der Gegenstand z. B. hellrot, sieht man das Bild grün und umgekehrt. Statt der weißen Fläche erscheint die Komplementärfarbe des Gegenstandes.

Erklärung:
Während man den farbigen Gegenstand fixiert, werden in der Netzhaut des Auges die für diese Farbe entsprechenden Zäpfchen besonders angestrengt.

Nach einer gewissen Zeit laufen die chemischen Vorgänge in den Zäpfchen langsamer ab, sie ermüden.

Bei der anschließenden Betrachtung einer weißen Fläche werden die noch leistungsfähigen anderen Zäpfchenarten – jede Zäpfchenart ist ja für eine andere Farbe zuständig – angeregt und rufen den Eindruck der Ergänzungsfarbe (Komplementärfarbe) hervor.

Auge, Nase und Gehirn

6–10

Teil 1

Diese Übung zeigt sehr anschaulich, wie das Gleichgewichtsorgan zusammen mit dem Auge und den „Fühlern" in Muskeln und Gelenken arbeitet. Der Schüler als Versuchsperson streckt beide Arme waagerecht nach vorn. Dann schließt er die Augen und hebt den rechten Arm schräg nach oben an, um etwa 45°. Diese Haltung der Arme soll er bei geschlossenen Augen ungefähr zehn Sekunden beibehalten.

Dann, bei weiterhin geschlossenen Augen, soll der Schüler den rechten Arm wieder in die horizontale Lage, also parallel zum anderen Arm, bringen. Öffnet der Schüler nun die Augen, stellt er fest, daß der rechte Arm deutlich höher steht als der linke.

Teil 2

Noch eindrucksvoller ist folgendes Experiment: Die Schüler stellen sich so hin, daß sie auf einem Bein stehend gleichzeitig einen Arm vorstrecken und das andere Bein nach hinten strecken. Das klappt meist ohne Schwierigkeiten.

Dann wird die gleiche Stellung mit geschlossenen Augen eingenommen. Siehe da, die Schüler fangen sehr schnell an zu wanken und müssen sich auf dem anderen Bein abstützen, um nicht hinzufallen.

Teil 3

Versuche deinen Namen zu schreiben und dabei gleichzeitig mit deinem Fuß kleine Kreise zu drehen. Du wirst feststellen, daß es (fast) unmöglich ist, zur gleichen Zeit mit dem Fuß die eingeschlagene Bewegungsrichtung, z. B. rechts herum, einzuhalten. Verschieden lokalisierte Bewegungszentren im Kleinhirn können sich nicht ungestört überlagern.

Teil 4

Ziehe mit dem rechten Bein Rechtskreise auf dem Boden und zur selben Zeit mit dem rechten Arm ebenfalls Rechtskreise. Es wird dir ohne Schwierigkeit gelingen. Wehe aber, du sollst mit dem rechten Bein Rechtskreise und mit dem rechten Arm Linkskreise beschreiben! Das ist (fast) unmöglich. Interessant ist, daß diese Schwierigkeiten nicht auftreten, wenn du mit dem linken Bein die Kreise ziehst und den rechten Arm abwechselnd links oder rechts herum drehst. Jetzt kann dein Kleinhirn die unterschiedlichen Bewegungen gut auseinanderhalten.

Teil 5

Die Schüler werden aufgefordert, beide Hände leicht zu schließen und die Knöchel der einen gegen die der anderen Hand zu drücken. Sehr gut! Nun noch die beiden Ringfinger mit den Fingerspitzen gegeneinander legen und dann – ohne die Hände voneinander zu lösen – versuchen, die Ringfinger zu trennen. Das wird keinem Menschen gelingen.

Teil 6

Der Lehrer stellt eine auffällige Parfümflasche, die nur Wasser enthält, auf das Pult und öffnet den Verschluß.

„Wir wollen messen, wie schnell sich der Geruch im Klassenzimmer ausbreitet. Sofort, wenn ihr Parfümgeruch feststellt, meldet euch."

Nach kurzer Zeit des Schnüffelns meldet sich der erste Schüler. Dann dauert es nicht mehr lange, bis auch der letzte Schüler den Phantomgeruch anzeigt. Die Enttäuschung ist dann groß, wenn der Lehrer das Geheimnis preisgibt.

Die Wasserlupe

5–8   Kaffeepulverdose, Plastikfolie, Gummiband

Um Tiere und Pflanzen unter Wasser klar und vergrößert betrachten zu können, bastelt man eine Vergrößerungsröhre.

Von einer Kaffeepulverdose, die innen blank ist, entfernt man den Boden. Die Öffnung wird mit einer festen, klarsichtigen Plastikfolie wasserdicht abgebunden. Wenn man die Röhre senkrecht ins Wasser hält, wölbt sich die Folie durch den Wasserdruck leicht nach innen, und es entsteht eine konvexe Linse.

Lichtstrahlen werden dann wie bei einer Lupe gebrochen, und die Gegenstände erscheinen vergrößert.

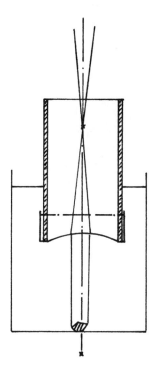

Die Lochlupe

Kleine Gegenstände, wie zum Beispiel Buchstaben auf einem Wandkalender, können wir aus größerer Entfernung nur noch sehr undeutlich erkennen. Sie sind – je nach Sehleistung – mehr oder weniger unscharf. Das liegt daran, daß die Irisblende des Auges die einfallenden Lichtstrahlen (der Buchstaben) „überlappen" läßt. Mehrere Sehzellen der Netzhaut werden dann vom gleichen Lichtpunkt L_1 getroffen. Der Bildeindruck ist dadurch verschwommen, die Zerstreuungskreise Z_1 und Z_2 sind zu groß.

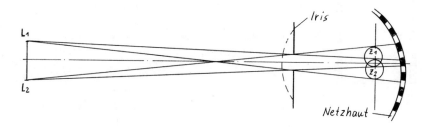

Hält man eine Blende (z. B. eine Postkarte mit einem winzigen eingepieksten Loch) dicht vor das Auge, ist die Überlappung der Randstrahlen so gering, daß die kleinen Zerstreuungskreise von den Sehzellen getrennt wahrgenommen werden. Der Gegenstand erscheint scharf abgebildet. Der Sehwinkel α darf aber nicht kleiner als 1′ sein, denn sonst fallen die beiden Randstrahlen auf die gleiche Sehzelle. Dann reicht das Auflösungsvermögen nicht mehr aus, die Lichtpunkte L_1 und L_2 zu unterscheiden.

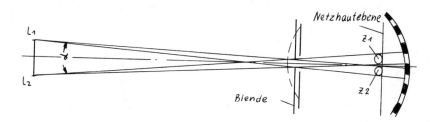

Da die künstliche Blende viel Licht verschluckt, sollte der Gegenstand, den man betrachten will, hell ausgeleuchtet werden. Als künstliche Blende genügt auch der gekrümmte Zeigefinger, wie es auf der Skizze abgebildet ist.

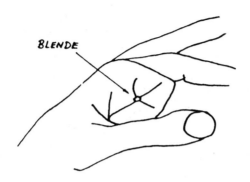

Mit klingendem Spiel

5–8   *je Schüler 6 Wassergläser, Holzstöckchen*

Für dieses Spiel braucht jeder Schüler sechs gleichartige Wassergläser, die sie unterschiedlich hoch mit Wasser füllen. Mit einer Stricknadel, einer Fahrradspeiche oder einem Holzstöckchen werden leicht die Ränder angeschlagen. Man kann nicht nur die Tonleiter, sondern richtige Melodien auf dieser „Wasserorgel" spielen.

Begründung:
Die schwingende Luftsäule, die über dem Wasser steht, ist unterschiedlich hoch. Das ergibt verschieden hohe Töne: Das volle Glas klingt sehr hoch, weil die Luftsäule klein ist (eine kurze Gitarrensaite erzeugt einen hohen Ton) und das fast leere Glas bringt den tiefsten Ton hervor.

Glockenläuten

5–8 *Schwerer Metallöffel, Schnur*

Ein schwerer Löffel – möglichst aus Silber – wird im Schwerpunkt an eine etwa zwei Meter lange Schnur gebunden. Die Enden der Schnur wickelt man um beide Zeigefinger und steckt die Fingerspitzen in beide Ohren. Nun wird der Löffel gegen einen harten Gegenstand gestoßen und dabei ins Schwingen gebracht. Man hört einen kräftigen, lang anhaltenden Glokkenschlag.

Normalerweise überträgt die Luft die Schallwellen an unser Ohr. Aber nicht nur Luft, sondern auch feste Körper, wie in diesem Fall die Schnur, leiten die Schallschwingungen weiter. Die Schallübertragung ist sogar wirkungsvoller als in Luft, weil die Ausbreitungsgeschwindigkeit größer ist und geringere Verluste auftreten.

Fragwürdiges aus der Physik

9–10

a) Wie tief ist der Brunnen?

Wie kann man ohne weitere Hilfsmittel die Tiefe eines Brunnens bestimmen? Du hast lediglich zwei Stoppuhren zur Verfügung.

Lösung: Eine Stoppuhr fallen lassen. Mit der zweiten Stoppuhr die Fallzeit messen. Nach der Formel $h = \frac{1}{2} gt^2$ die Tiefe ausrechnen.

b) Wo bleibt die Energie?

Nach dem Energieerhaltungssatz kann Energie nicht verloren gehen. Aber stellen wir uns einmal vor, jemand nimmt eine Uhrfeder, spannt sie und sichert die Feder durch einen kleinen Draht, so daß die Spannung erhalten bleibt. Jeder weiß, daß jetzt in der Feder Spannungsenergie gespeichert ist. Wenn man nun die so gespannte Feder in ein Salzsäurebad legt, wird die Metallfeder aufgelöst. In der gleichen Weise wird aber auch eine ungespannte Feder aufgelöst. *Wo ist die hineingesteckte Energie geblieben? Ist sie vernichtet worden? Stimmt der Energieerhaltungssatz?*

Erklärung:
Ja, der Energieerhaltungssatz bleibt gültig. Genaue Untersuchungen zeigen, daß das Salzsäurebad mit der aufgelösten gespannten Uhrfeder eine höhere Temperatur anzeigt als das Säurebad mit der nicht gespannten Feder.

Eine ähnliche Scherzfrage lautet: Ein Klavier wird in den zehnten Stock eines Hauses geschleppt. Es wird also potentielle Energie (oder „Lage-energie") in dem Klavier gespeichert. Dann wird das Klavier verbrannt. Es entsteht Wärmeenergie. Hätte man das Klavier zu ebener Erde verbrannt, wäre doch wohl die gleiche Wärmeenergie umgewandelt worden. Wo steckt die potentielle Energie?

Erklärung:
Die „verlorengegangene" Energiemenge ist noch vorhanden: Sie steckt in den Verbrennungsprodukten. Die bei der Verbrennung entstandenen Gase und Stäube des nach oben geschleppten Klaviers enthalten eine größere potentielle Energiemenge als die zu ebener Erde erzeugten Verbrennungs-rückstände.

c) So ein Pech

9–10   Tafelbild

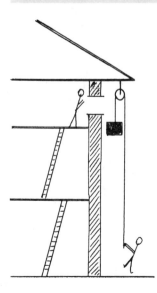

Meister Kruse will eine Palette Dachziegel in das Obergeschoß eines Rohbaues trans-portieren. Die selbstgebaute Umlenkrolle funktioniert prächtig. Kruse zieht am Seil die Dachziegelpalette bis zum Obergeschoß-fenster hoch. Aber wer soll die Dachziegel oben entladen? Diese gefährliche Arbeit kann Meister Kruse nur selbst erledigen. Lehrling Paul soll inzwischen das Seil unten festhalten. Da nimmt das Unglück seinen Lauf ...
Lehrling Paul ist leichter als die Dachzie-gelpalette. Diese fällt nach unten und zieht Paul nach oben. Unterwegs schrammt er sich sein rechtes Bein an der entgegenkom-menden Pa lette auf. Oben angekommen stößt Paul mit seinem Kopf heftig gegen den

Dachvorsprung, während unten die Palette auf den Boden prallt. Dabei fallen einige Ziegel von der Palette herunter.

Die Palette hat an Gewicht verloren. Der nun schwerere Lehrling Paul fällt mit dem Seil nach unten. Unterwegs schrammt er sich wieder an der entgegenkommenden Palette das Bein auf – diesmal ist es das linke. Heftig schlägt Paul auf dem Boden auf und verstaucht sich sein Fußgelenk. Zu allem Übel läßt er das Seil los, und die Palette mit den Dachziegeln fällt ihm von oben herunter auf den Kopf.

d) Das verschwundene Gesicht

5–10   *Folie nach Muster*

Bevor es in die Ferien geht, läßt der Lehrer noch schnell ein Gesicht verschwinden. Dazu zeichnet er die obere Bildreihe auf eine Folie, schneidet sie entlang der gestrichelten Linie durch und legt beide Hälften auf den Overheadprojektor. Dann verschiebt er den unteren Teil, wie es auf der Skizze angedeutet ist. Ein Gesicht ist verschwunden. Der Lehrer läßt die Nasen zählen: einmal sind es sechs, einmal nur fünf …

5. Mit Schere, Bleistift, Kleber und Papier

Bumerang

Die Eingeborenen Australiens haben angeblich den Bumerang erfunden. Einen einfachen Bumerang kannst du selber basteln: Schneide nach der Vorlage aus 2 Millimeter starker Pappe die Figur aus, glätte den Rand und lege ihn auf deine linke Hand. Wenn du mit dem Mittelfinger und Daumen der anderen Hand kräftig gegen ihn schnippst, fliegt er davon, wendet und kommt wieder zurückgeflogen.

Ein wenig Übung gehört allerdings dazu.

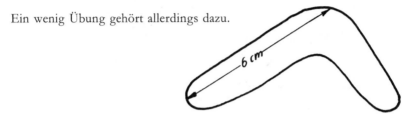

Mobile

Ganz einfach zu basteln ist dieses Mobile aus Papierstreifen. Schneide eine Spirale nach dem Muster links unten aus Zeichenpapier. Dann steckst du die Spirale auf eine Stricknadel, die in einem großen Korkensockel steckt. Die Papierspirale fängt an zu kreisen, wenn sie über einer Wärmequelle (Ofen, Lampe, Herdplatte) steht oder gehalten wird.

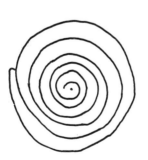

Windrädchen

Ein Windrädchen ist ganz schnell gemacht: Zuerst schneidest du in ein quadratisches Blatt Zeichenpapier von den Ecken aus vier Einschnitte (siehe Bild 1). Nun legst du jede zweite Spitze zur Mitte (Bild 2) und steckst durch die vier Spitzen eine Stecknadel. Die Nadelspitze befestigst du am Ende eines weichen Holzstabes (Bild 3).

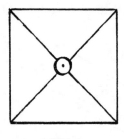
Bild 1

Bild 2

Bild 3

Verschlungene Ringe

Bild 1

Klebe einen etwa 30 cm langen Papierstreifen (am besten eignet sich kariertes Schreibpapier) so zusammen, wie es die Abbildung 1 zeigt, und schneide ihn entlang der gestrichelten Linie auseinander. Es geht sehr einfach, und das Ergebnis überrascht nicht: Du erhältst zwei neue Ringe.

Was passiert aber, wenn du den Papierstreifen so zusammenklebst, wie es Bild 2 zeigt, indem du also den Papierstreifen vor dem Kleben *ein halbes Mal* verwindest?
Du erhältst nach dem Zerschneiden einen doppelt so großen Papierstreifen, der aber ein ganzes Mal verwunden und natürlich nur halb so breit ist. Bild 3 zeigt das Ergebnis.

Bild 2   Bild 3

Jetzt stellst du einen Ring mit *einer ganzen Verwindung* nach Bild 4 her. Was ergibt sich beim Zerschneiden längs der gestrichelten Linie?
Du erhältst zwei ineinander hängende Ringe, ähnlich wie die Glieder einer Kette. Bild 5 zeigt das Ergebnis.

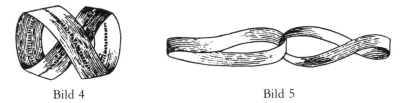

Bild 4   Bild 5

Nun kommt die Überraschung: Du stellst wieder einen Ring nach Abbildung 2 her, also einen Papierstreifen mit *einer halben Verwindung*. Dieser Ring wird jetzt nicht in einer, sondern in zwei parallelen Längslinien aufgeschnitten. Man kann es sich kaum vorstellen, so überraschend ist das Ergebnis: Du wirst mit der Schere nur einen einzigen durchgehenden Schnitt machen und erhältst nicht drei, sondern nur zwei ineinander hängende Ringe, einen großen und einen kleinen!

Das Zauberviereck

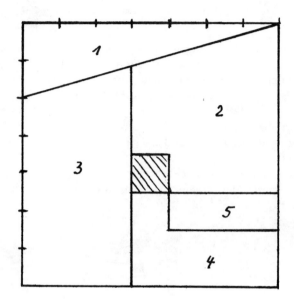

Schneide diese fünf Papierstückchen aus und übertrage sie auf feste, scharf-
kantige Pappe. Nun lege die fünf Pappstückchen so auf den Overheadprojektor, wie es die Abbildung 1 zeigt. Es entsteht ein Quadrat von 7 cm
Kantenlänge.

Bild 1

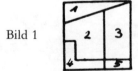

Wenn man aber die fünf Stücke so anordnet, wie es die Abbildung 2 zeigt,
entsteht ebenfalls ein Quadrat mit 70 mm Kantenlänge – nur das Überra-
schende ist, daß in der Mitte ein Quadrat von 1 cm Kantenlänge frei bleibt!

Bild 2

Für diese „Zauberei" findet kein Schüler so schnell eine Erklärung. Der Lehrer weiß allerdings, daß bei sehr genauem Messen die Kantenlänge beim 2. Quadrat nicht 70, sondern 71 mm beträgt ...

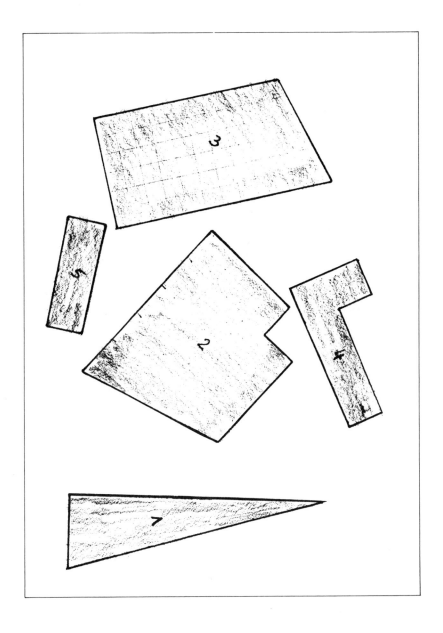

Wer baut den besten Flieger?

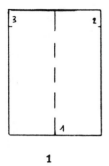

1

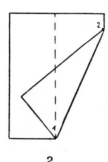

2

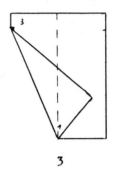

3

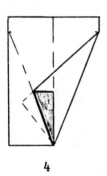

4

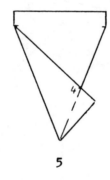

5

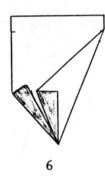

6

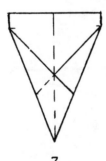

7

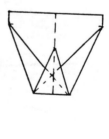

8

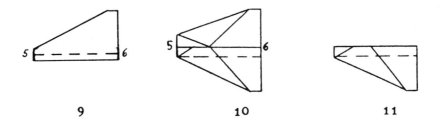

9 10 11

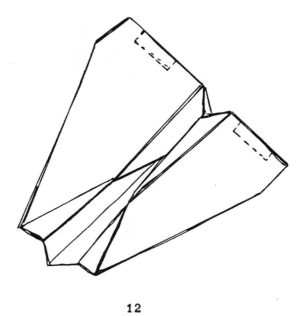

12

Das Zauberhäuschen

Aus einem etwa 8 cm × 8 cm großen Stück Papier läßt sich ein Häuschen schneiden und knicken, wie es die Abbildung 1 zeigt. Es wird dir aber nur schwer gelingen, wenn man die Lösung (Abbildung 2) nicht kennt. Und dann wirst du sehr erstaunt sein, wie einfach es ist:

Mit der Schere drei Schnitte bis zur Mitte, Teil 1 nach vorn geknickt, Teil 3 nach hinten geknickt und umgelegt, und das erstaunliche Häuschen ist fertig. Der Lehrer kann natürlich auch gleich ein fertiges „Zauberhäuschen" zeigen und die Schüler bitten, es nachzubauen …

Bild 1

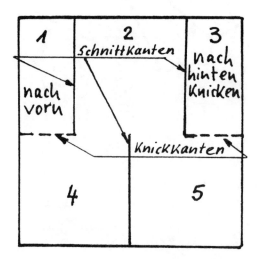

Bild 2

Durch eine Postkarte kriechen

Wer genau nach dieser Anleitung eine Postkarte zerschneidet, ist in der Lage, durch das „Endprodukt" „hindurchzukriechen".

1. Die Postkarte in der Mitte entlang der langen Seite knicken (Bild 1).

2. Abwechselnd ein Schnitt von der Knickkante bis zum Rand und vom Rand zur Knickkante schneiden (Bild 2). Aufgepaßt: Den Rand und die Kante dabei nicht durchschneiden!

3. Die Postkarte wieder aufklappen und so entlang der Mittelkante aufschneiden, daß der erste und der letzte Steg stehenbleiben (Bild 3).

4. Aus der Postkarte ist ein großer Papierring geworden, durch den man mühelos durchkriechen kann (Bild 4).

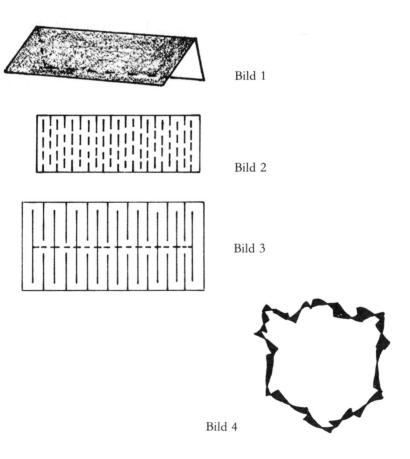

Bild 1

Bild 2

Bild 3

Bild 4

Flächen und Formen

Dieses Bastel- und Denkspiel macht den Schülern erfahrungsgemäß sehr großen Spaß. Zu Beginn der (Vertretungs-) Stunde verteilt der Lehrer an jeden Schüler einen Satz „Schnipsel". Dabei handelt es sich um die Einzelteile Q1 bis Q6, die unten aufgezeichnet sind. Die Schüler sollen nun aus den Einzelteilen ein Quadrat zusammensetzen.

Diese Aufgabe ist nur als erste Einführung gedacht. Jetzt zeichnen die Schüler selbst je ein Rechteck, Dreieck, Trapez, Raute usw. und unterteilen die Figur in drei, vier oder fünf – je nach Schwierigkeitsgrad – Einzelflächen. Diese werden ausgeschnitten und mit einem Zeichen versehen (Q für Quadrat, R für Rechteck ... und zusätzlich das Zeichen des herstellenden Schülers), damit es keine Verwechselungen gibt.

Jetzt bekommt ein anderer Schüler den Auftrag, die Einzelteile so zusammenzulegen, daß die Ausgangsfigur entsteht. Dieses lehrreiche Spiel kann man natürlich auch wettbewerbsmäßig ausführen.

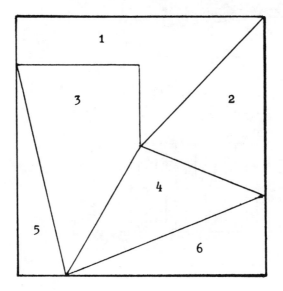

Weiteres Beispiel: Dreieck

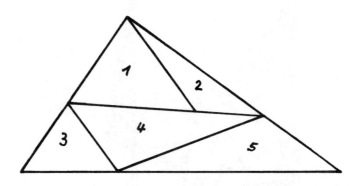

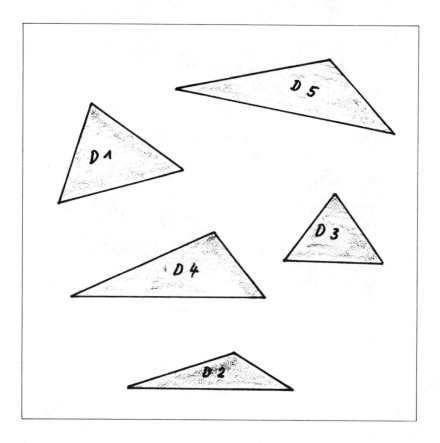

Weiteres Beispiel: Rechteck

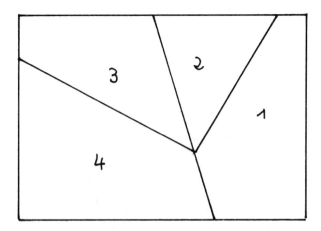

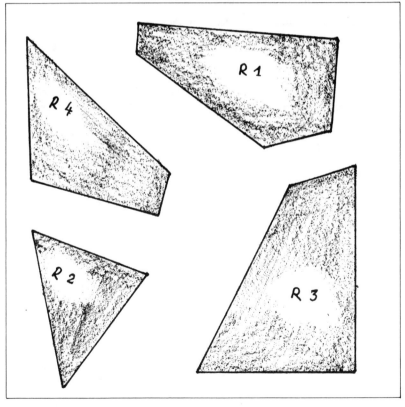

Schiffchen bauen

Aus einem DIN A 4-Blatt knicken und falten wir nach Anleitung ein kleines Schiffchen.

1. Einen waagerechten Mittelbruch knicken und das Blatt wieder entfalten.

2. Einen senkrechten Mittelbruch knicken und das Blatt wieder entfalten.

3. Das Blatt auf DIN A 5-Größe falten. Die Knickkante liegt unten.

4. Die rechte Ecke bis zum Mittelbruch knicken und falten.

5. Die linke Ecke bis zum Mittelbruch knicken und falten.

6. Den vorstehenden unteren Rand nach vorn hochschlagen.

7. Den stehengebliebenen unteren Rand nach hinten umschlagen.

8. Die überstehenden Ecken nach vorn umschlagen.

9. Das Dreieck so auseinanderdrücken, daß ein Quadrat entsteht.

10. Die oben liegende untere Quadrathälfte nach oben umschlagen.

11. Die zweite untere Quadrathälfte nach hinten umschlagen.

12. Das neue Dreieck so auseinanderdrücken, daß ein Quadrat entsteht.

13. Die beiden oberen Spitzen auseinanderziehen.

14. Das Schiffchen fertig drücken.

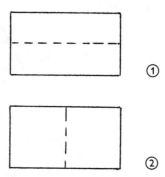

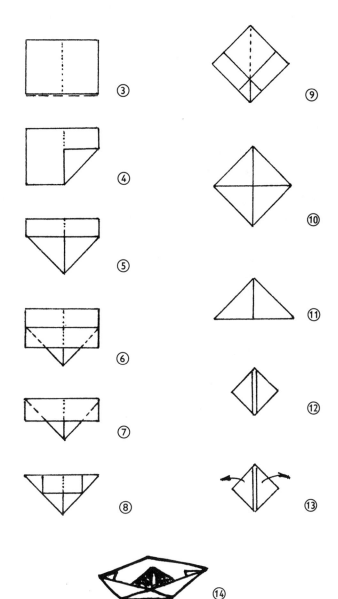

Knalltüte

Aus einem DIN A 4-Blatt bauen wir uns nach Anleitung eine „Knalltüte".
Im Physikunterricht erklärt der Lehrer, wie der Knall entsteht.

1. Einen waagerechten Mittelbruch knicken und das Blatt wieder entfalten.

2. Die vier Ecken nach innen bis zum Mittelbruch umknicken und glatt-
   streichen.

3. Um den Mittelbruch falten, so daß ein Trapez vor uns liegt.

4. Rechte Trapezecke bis zur Mitte hin hochknicken.

5. Linke Trapezecke bis zur Mitte hin hochknicken. Es entsteht ein Quadrat.

6. Das Quadrat längs der so entstandenen Diagonalen knicken. Es entsteht
   ein Dreieck.

7. Das Dreieck mit Daumen und Zeigefinger an der Ecke fest anfassen, wo
   sich zwei Schnäbel gebildet haben.

8. Mit einem kräftigen Schlag nach unten den Knall erzeugen.

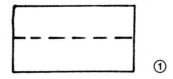

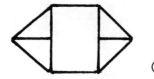

③

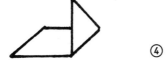

④

⑤

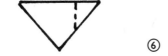

⑥

⑦

Himmel und Hölle

Aus einem DIN A 4-Blatt wird ein Spielzeug gebastelt, das nicht nur kleinen Kindern Spaß macht.

Aus dem DIN A 4-Blatt stellen wir ein quadratisches Blatt her. Dazu knikken wir das Blatt zweimal mit der Längsseite diagonal. Entlang der Eckpunkte wird das Blatt gefaltet und getrennt (1).

Die Ecken werden zur Quadratmitte hin umgeknickt, so daß ein halb so großes Quadrat entsteht (2).

Das so gefaltete Quadrat drehen wir um, und wieder werden die vier Ecken zur Quadratmitte hin umgeknickt (3).

Das Quadrat ist jetzt $\frac{1}{4}$ so groß wie am Anfang. Es wird wieder auf die Rückseite gelegt. Die vier kleinen Quadrate werden an den Ecken leicht nach oben gebogen (4).

Nun drücken wir mit Daumen und Zeigefinger beider Hände gleichzeitig jeweils eine „Tüte" in die freigelegten kleinen Quadrate (5). Wir drehen das Spielzeug um und können den Schnabel nach links oder rechts öffnen und schließen (6).

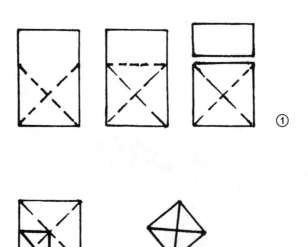

③

④

⑤

⑥

Der tanzende Clown

Zeichne auf ein Stück festen Zeichenkarton zweimal die Umrisse des Clowns und schneide die Figur aus. Dann klebst du die beiden Hälften gegeneinander. Vergiß nicht, vorher je einen Pfennig zwischen die Handflächen einzukleben, so daß sie für einen Betrachter von außen nicht zu sehen sind.

Dann balanciere den Clown auf dem ausgestreckten Zeigefinger so aus, daß er auf der Nase stehend im Gleichgewicht bleibt.

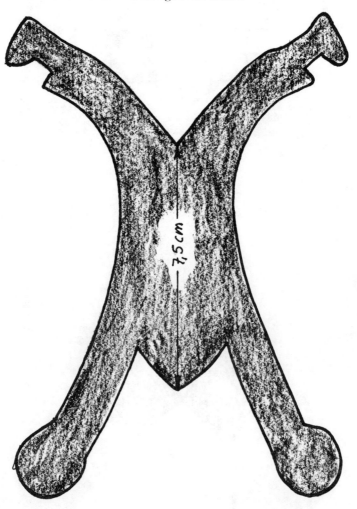

6. Buntes Allerlei

Scherzfragen, Kalauer und Rätsel

Welches Pferd sieht nach hinten so gut wie nach vorn?
Ein blindes Pferd.

Was kommt heraus, wenn man einen Polizisten und einen Zahnarzt addiert?
18. Der Polizist gibt acht, der Zahnarzt macht Zähne, gibt zusammen 18.

Wozu raucht man Zigaretten?
Zu Asche und Gas.

Was hat der Soldat unter seinem Bett?
Zu fegen.

Warum sollte ein Lehrer nicht barfuß in die Schule kommen?
Ja eben, warum eigentlich nicht?

Was macht ein Optiker, wenn er kein Glas hat?
Er trinkt aus der Flasche.

Wie heißt der bekannteste Kellner in Bayern?
Ober Ammergau

Was ist das: Morgens putzt man sich damit die Zähne, mittags ißt man damit und nachts schläft man darin?
Zahnbürste, Gabel und Bett.

Was ist das beste am Salat?
Daß man ihn biegen kann. Sonst würde er nicht in den Mund passen.

Wie oft kann man 2,50 DM von 100 DM abziehen?
Nur einmal, dann sind es keine 100 DM mehr.

Was kommt einmal im Monat, zweimal im Moment und doch nie in hundert Jahren vor?
Der Buchstabe m.

Wie wird man in seinem Beruf geschickt?
Indem man Bote wird.

Wie viele Eier kann man auf nüchternen Magen essen?
Höchstens eins, denn dann ist man nicht mehr nüchtern.

Was bedeutet das: ung ung ung ung ung ung ung ung?
Achtung. Es sind acht ung.

Was bedeutet ADAC? *Allgemeiner Deutscher Automobilclub.* – Was bedeutet
ADAM? *Adam.*

Wie heißt der Floh mit Vornamen? Woher stammt er?
*Er heißt mit Vornamen Joseph und stammt aus Ägypten. In der Bibel steht: Joseph
floh aus Ägypten.*

Was hat der Bettler auf seinem Brot?
Anspruch.

Hatte Jesus eine Freundin?
*Ja, denn in der Bibel heißt es: Jesus ging in die Wüste und es folgte ihm eine lange
Dürre.*

Welches war die erste Automarke?
Ford. In der Bibel steht: Adam und Eva sündigten in einem Ford.

Welches war die erste Motorradmarke?
Triumph. Es heißt in der Bibel: Jesus fuhr mit Triumph in den Himmel.

Wie hieß Jesus mit Nachnamen?
*Owi. In einem Lied heißt es: „Stille Nacht, heilige Nacht, Gottes Sohn, owi lacht
…"*

Wer war der erste Verkehrssünder?
Jesus, mit seinen zwölf Anhängern.

Wer waren die ersten Fußballspieler?
*Gott und der alte Noah. Gott war der Stürmer und Noah der Torwart, denn Gott
sagte: „Noah, geht du in den Kasten, denn ich mache Sturm."*

Wer war der erste Kellner?
Gott. Es heißt in der alten Schrift: Gott nahte mit Brausen.

Wo liegt das Reich Gottes?
In Erlangen. Es heißt: Suchet das Reich Gottes zu erlangen.

Wann lebte Gottfried von Bouillon?
Als er krank war und nichts anderes essen durfte.

Warum sind Diebe häufig die besseren Ärzte?
Sie stellen sehr schnell fest, was den Leuten fehlt.

Das erste frißt, das zweite ißt, das dritte wird gegessen.
Sauerkraut. Sau er kraut.

Was ist der Unterschied zwischen Griechen und Römern?
Die Griechen können aus Römern trinken, aber die Römer nicht aus Griechen. Ein berechtigter Einwand eines Sachsen: „Wieso genn die Reemer nicht aus Griechen trinken?"

Was ist der Unterschied zwischen der Sonne und einer Leberwurst?
Die Sonne geht im Osten auf, die Leberwurst im Sieden.

Was sagt ein Sachse, der in New York einen Tannenbaum kaufen will?
Ä Tännchen please.

Welches Wort wird immer falsch geschrieben?
Das Wort falsch.

Viel wird vorn mit v und hinten mit h geschrieben. Stimmt das?
Es stimmt. Hinten wird vorn mit h geschrieben.

Wann sagt ein Chinese „Guten Morgen"?
Wenn er deutsch kann.

Warum kann man eine lebende Katze nicht in einem leeren Sack wegtragen?
Weil der Sack dann nicht mehr leer ist.

Wer trat wem wohin, als sie was dachte?
Die Tränen traten Maria Theresia in die Augen, als sie an den Verlust von Schlesien dachte.

Wie heißt es richtig: Laß mich arbeiten oder laß mir arbeiten?
Es ist beides falsch. Richtig muß es heißen: Laß andere arbeiten.

Wie lange darf ein Kraftfahrzeug auf einem Autobahnparkplatz höchstens parken?
Höchstens zwei Jahre und einen Monat, dann muß der Wagen zum TÜV.

Eine Frage aus der Physik: Was geschieht, wenn man sich in eine gefüllte Badewanne setzt?
Es klingelt das Telefon.

Wie heißt die Spitze eines Kreises?
Landrat.

Eine Frage aus der Chemie: Wie wird Essig gewonnen?
Man bohrt nach Erdöl. Findet man keines, ist es Essig.

Was liegt zwischen Berg und Tal?
und.

Was kann man in die Luft werfen und es bleibt stecken?
Ein Stecken.

Zwei Maurer bauen ein Haus. Womit fängt jeder an?
Mit j.

Wer bricht sich eher ein Bein, der aus dem Fenster im ersten Stock oder im zehnten Stock fällt?
Der, der aus dem ersten Stock fällt, denn er ist eher unten.

Was sagt im Irak der Bäcker morgens zu seinem Lehrling?
Bag dad.

Welche beiden Metalle sind bei Zimmertemperatur flüssig?
Quecksilber und Zinn 40.

Nenne ein durchsichtiges Metall!
Maschendraht.

Unglaublich! Ein Skatspieler spielt einen Grand ohne Vieren, hat nur zwei Asse und keine Zehn, und die beiden Gegenspieler werden Schneider. Wer findet eine Erklärung?
Vielleicht liegt ihnen ein anderer Beruf nicht.

Was ist das: Es ist rund und rot und nie betrunken?
Ein Apfel.

Was wird immer kürzer, je länger man daran zieht?
Eine Zigarette.

Wann soll man zum Befestigen eines Brettes einen Nagel, wann eher eine Schraube wählen?
Man versucht es zuerst mit einem Nagel. Splittert das Brett, wäre eine Schraube besser gewesen.

Drei Jäger pirschen durch den Wald. Der erste hat ein Gewehr, der zweite einen Rucksack. Was hat der dritte?
Zahnfleischbluten. Jeder Dritte hat Zahnfleischbluten.

Vier Schutzleute und zwanzig Siebenschläfer und zwei Diebe und fünf Rasiermesser und ein Zahnarzt und ein Meisterkegler = Null. Wer kann die Erklärung finden?
Ein Schutzmann gibt acht, vier Schutzleute geben 4 × 8 = 32. Zwanzig Siebenschläfer sind 20 × 7 = 140. 140 + 32 = 172. Die beiden Diebe teilen sich die Beute, bleiben für jeden 86. Die 5 Rasiermesser werden abgezogen, dann haben wir noch den Rest von 81. Der Zahnarzt zieht die Wurzel. Die Wurzel aus 81 ist 9. Der Meisterkegler wirft alle Neune. So bleibt zum Ende nichts mehr übrig.

Wie heißt der Eber, wie das Reh mit Vornamen?
Alleskl und Kartoffelpü.

Unterschiede

Wie lautet der Unterschied zwischen Hunden und Zwiebeln?
Es gibt keinen Unterschied. Die Hunde bellen und die Zwiebeln.

Wie lautet der Unterschied zwischen einem Krokodil?
Im Wasser schwimmt es und auf dem Land läuft es.

Wie lautet der Unterschied zwischen einem Löwen?
Da gibt es keinen Unterschied.

Wie lautet der Unterschied zwischen einem Krokodil und einem Löwen?
Beim Krokodil gibt es einen Unterschied, beim Löwen keinen.

Wußten Sie schon, daß ...

... jeder vierte in der Bundesrepublik zugelassene Golf ein Auto ist?

... der Wirtschaftsminister fünf Unternehmer zu Obernehmern befördert hat?

... man aus vielen Steinen einen Schornstein bauen kann, aber aus vielen Schornen nicht?

... noch kein Meister vom Himmel gefallen ist, ohne sich dabei sehr weh zu tun?

... die Nordsee von den Bewohnern Grönlands Südsee genannt wird?

... die Basis die Grundlage des Fundaments ist?

... ein Seemann weniger von Böhmen versteht als von Meeren?

... es in Freudenstadt mehr Rasthäuser gibt als in Rastatt Freudenhäuser?

... es in Düsseldorf mehr Gaststätten gibt als in Gelsen Kirchen?

... Knoblauchzehen gesünder sind als Wurstfinger?

... eingelaufene Schuhe angenehmer sind als eingelaufene Hemden?

... die meisten Ansprachen nicht der Rede wert sind?

... ein Glas Spaten besser ist als eine Wanne Eickel?

... Autofahrer, die statt bei Grünlicht bei Rotlicht über die Kreuzung fahren, auf Blaulicht achten sollten?

Alte und neue Zungenbrecher

Blaukraut bleibt Blaukraut und Brautkleid bleibt Brautkleid.

Böse Buben biegen bunte Blumen.

In Ulm und um Ulm und um Ulm herum.

Bürsten mit schwarzen Borsten bürsten besser als Bürsten mit braunen Borsten.

Kleine Kinder können keine kleinen Kirschkerne knacken.

Es saßen zwei zischende Schlangen zwischen zwei spitzen Steinen und zischten vor zwitschernden Vögeln.

Er sang lauter laute Lieder zur Laute.

Bierbrauer Bauer braut braunes Bier.

Drinnen drei Teertonnen, draußen drei Trantonnen.

Der Metzger wetzt seine Metzgermesser.

Graben Goldgräber Gräben? Grubengräber graben Gräben.

Weisheiten und Bosheiten

Die Stoßstange ist aller Laster Anfang.

„Ach die Welt ist nicht gerecht,
Dir gehts gut und mir gehts schlecht.
Wär die Welt etwas gerechter,
gings mir besser und Dir schlechter."
R. Gernhardt

Man muß nicht gleich die Feuerwehr rufen. Oft genügt schon ein Löschblatt.

Jeder denkt an sich, nur ich denke an mich.

Akwadraht plus Bekwadraht ist Zehkwadraht.

Wer zwei Mäntel hat, gebe dem einen, der nur einen hat, damit auch er zwei hat.

Fallen sollen zufallen und nicht auffallen.

„Lieber Gott, nimm es hin, daß ich was Besondres bin.
Und gib ruhig einmal zu, daß ich klüger bin als du.
Preise künftig meinen Namen. Sonst setzt es was. Amen.“

R. Gernhardt

Wer nichts weiß und weiß, daß er nichts weiß,
weiß mehr als der, der nichts weiß und nicht weiß,
daß er nichts weiß.

Der Eber ist meist mißgestimmt,
weil seine Kinder Ferkel sind.
Und seine Frau, die Sau, alleine?
Die ganze Familie, alles Schweine.

Nur die Dunkelheit ist echt, das Licht scheint nur so.

Alle Menschen sind vor dem Gesetz gleich. Aber es gibt einige, die sind besonders gleich.

„Na hören Sie mal. Ich bin auch ohne Sie angewiesen!“

„Wenn Sie glauben, Sie haben einen Vollidioten vor sich, dann sind Sie bei mir aber an der richtigen Adresse.“

„Sie haben mich als Vollidiot bezeichnet. Nehmen Sie das eventuell zurück? Nein? Gut, dann ist die Sache für mich erledigt.“

Meist sitzt man auf dem Trockenen, wenn einem das Wasser bis zum Hals steht.

Was ist der Unterschied zwischen Sozialismus und Kapitalismus? – Im Sozialismus werden kapitale Fehler gemacht, im Kapitalismus werden soziale Fehler gemacht.

Oder: Im Kapitalismus werden die Menschen durch den Menschen ausgebeutet, im Sozialismus ist es umgekehrt.

Wer Pfefferminztee nachmacht oder verfälscht, oder nachgemachten oder verfälschten sich verschafft oder in den Verzehr bringt, ist ein Falschminzer.

Richter zum Verteidiger: „Ich suche hier die Unterführung.“

Mengenlehre Teil 1

Wenn in einem Raum drei Leute sind und vier hinausgehen, muß einer zurückkommen, damit keiner mehr drin ist.

Mengenlehre Teil 2

Wer Teil 1 verstanden hat, dem macht es keine Schwierigkeit, die Entwicklung der Mengenlehre in bundesdeutschen Schulen nachzuvollziehen. Gleichzeitig wird ein erschütterndes Dokument vom Niedergang des Mathematikunterrichtes vorgestellt.

Eine Menge Kartoffeln

Hauptschule 1950
Ein Bauer verkauft einen Sack Kartoffeln. Er bekommt vom Kunden 20 DM. Die Erzeugungskosten betragen $\frac{4}{5}$ des Erlöses. Wie hoch ist der Gewinn?

Realschule 1960
Ein Bauer verkauft einen Sack Kartoffeln für 20 DM. Die Erzeugungskosten betragen 16 DM. Berechne bitte den Gewinn!

Gymnasium 1970
Ein Bauer verkauft eine Menge Kartoffeln {K} für eine Menge Geld {G}. {G} ist die Menge aller Elemente g, für die gilt: g ist eine Mark. In Strichmengenform müßtest du für die Menge {G} „zwanzig" (///////////////////) Strichlein machen, für jede Mark eines. Die Menge der Erzeugungskosten {E} ist um „vier" (/////) Strichlein weniger mächtig als die Menge {G}. Zeichne das Bild der Menge {G} und gib die Lösungsmenge {L} an für die Frage: Wie mächtig ist die Gewinnmenge?

Gesamtschule 1980
Ein Bauer verkauft einen Sack Kartoffeln zum Preis von 20 DM. Die Erzeugungskosten betragen $\frac{4}{5}$ gleich 16 DM. Der Gewinn beträgt $\frac{1}{5}$ gleich 4 DM. Unterstreiche das Wort „Kartoffeln" und diskutiere mit deinem Nachbarn darüber.

Reformierte Schule 1990
ein kapitalistisch-privilegierter ökonom bereichert sich one rechtferigung an ein sak kartofeln um 4 marck. untersuche den teckst auf inhaltliche gramatische ortografische und zeichensätzungsfeler. korigire die aufgabenstelung und demonstriere gegen die lösung.

Chinesisches

Auf Chinesisch heißt der Dieb Lang fing und der Polizist Lang fing fang. Dann heißt die Dienstpistole Lang fing fang peng und der Wachhund Lang fing fang wau. Lang fing fang wau bau? Hundehütte.

Wie heißt auf Chinesisch Baum? Tam. Zwei Bäume? Tam tam. Drei Bäume? Tam tam tam. Ein Wald? Taramtamtam. Der kleine Zeiger? tick. Der große Zeiger? tack. Die Uhr heißt dann ticktack.

Wie heißt der chinesische Verkehrsminister? Um lei tung. Und der Bruder von Mao tse Tung? Hin rich.

Wie heißt Ladenschlußgesetz auf Chinesisch? Wat schon zu.

Oma heißt auf chinesisch „kan kaum kaun".

Trabbi auf chinesisch: sau eng.

Neue und alte Witze

„Herr Ober, bitte einen Kaffee ohne Milch." – „Tut mir leid, mein Herr, Milch haben wir keine. Kann es auch ohne Sahne sein?"

Oder früher beim Einkauf in der DDR: „Ham'se weiße Farbe?" – „Hier gibts nur Tapeten. Keine Farbe gibts im ersten Stock."

„Ich habe ein sehr gutes Gedächtnis", brüstet sich ein Professor. „Es sind nur drei Dinge, die ich leicht vergesse: Namen von Personen, Gesichter und drittens, mein Gott, was war denn nur drittens ..."

„Herr Doktor, ich leide unter Kontaktarmut. Ich finde keinen Freund, überall bin ich unbeliebt. " – „Ich werde Ihnen schon helfen, wenn Sie mir vertrauen. Seit wann leiden Sie denn unter dieser Kontaktarmut?" „Das sollen Sie doch herausfinden, Sie dummer Trottel!"

„Herr Doktor, ich leide unter Gedächtnisschwund. Helfen Sie mir bitte." „Seit wann haben Sie dieses Leiden?" „Welches Leiden?"

„Herr Doktor, ich leide unter Schlafstörungen. Ich muß oft bis drei zählen, um einschlafen zu können."
„Aber lieber Herr, das ist doch nicht ungewöhnlich!"
„Ja, nur manchmal muß ich auch bis halbvier zählen."

„Herr Doktor, helfen Sie mir bitte. Kein Mensch beachtet mich, überall stoße ich auf Ablehnung. Mit mir will sich niemand unterhalten."
Doktor: „Der Nächste bitte."

Der Apotheker gibt dem Kunden das gewünschte Medikament. „Das macht 30 DM und fünfzig Pfennig." Da klingelt im Nebenraum das Telefon und der Apotheker verschwindet. Der Kunde wartet einen Moment, legt dann 50 Pfennig auf den Ladentisch und geht hinaus.
Der Apotheker kommt zurück, aber der Kunde ist längst verschwunden. Der Apotheker nimmt das Fünzigpfennigstück, betrachtet es und murmelt: „Na, wenigstens 40 Pfennig Gewinn."

Ein Kunde kommt in die Apotheke und verlangt 100 Mottenkugeln. Der Apotheker ist erstaunt: „Aber Sie haben doch erst gestern 50 Stück gekauft!" – „Ja, aber ich treffe die Motten so selten."

„Stört es Sie, wenn ich rauche?"
„Nein, es stört mich auch nicht, wenn Sie brennen."

„Na, was hat der Doktor gesagt?" – „Hundert Mark."
„Nein, ich meine, was du gehabt hast?" – „Achtzig Mark."
„Du hast mich falsch verstanden. Ich wollte wissen, was dir gefehlt hat."
– „Zwanzig Mark."

„Na, wie gehts mit Deinem neuen Fahrrad?"
„Mein Fahrrad geht nicht, es fährt."
„Und wie fährt Dein Fahrrad?" – „Es geht."

„Verzeihen Sie, Sie schulden mir hundert Mark."
„Schon verziehen, Herr Kollege."

„Bitte geben sie mir Schillers Räuber." – „Welche Ausgabe?"
„Da haben Sie eigentlich recht. Auf Wiedersehen."

Beratung im Offizierskasino. „Was sollen wir nur unserem Kommandeur zur Verabschiedung schenken?" Nach langem Grübeln: „Vielleicht ein Buch?"
Einwand eines Majors: „Der hat bestimmt schon eins."

„Sagen Sie, Herr Doktor, sind Fische eigentlich gesund?"
„Ich glaube schon, denn bis jetzt war noch keiner in meiner Praxis."

Ein Bus ist gegen einen Baum gefahren. Fragt der Polizist den Fahrer: „Wie ist denn das passiert?"
„Weiß ich auch nicht", zuckt der Fahrer mit den Schultern, „als es krachte, war ich gerade hinten beim Kassieren."

„Herr Doktor, ist bei Ihnen das Zähneziehen schmerzlos?"
„Meistens schon. Nur einmal habe ich mir das Handgelenk ausgerenkt."

„Herr Doktor, muß ich denn unbedingt operiert werden? Ich habe doch eine Frau und drei Kinder zu versorgen."
„Ich auch, lieber Mann, ich auch …"

„Seit wann arbeiten Sie in diesem Betrieb?"
„Seitdem der Chef mir gesagt hat, daß ich sonst entlassen werde."

Anruf vom Hausarzt: „Ich habe eine schlechte und eine sehr schlechte Nachricht für Sie."
„Bitte zuerst die schlechte Nachricht, Herr Doktor."
„Lieber Mann, meine Untersuchungen haben ergeben, daß Sie nur noch 24 Stunden zu leben haben."
„Und die sehr schlechte Nachricht?"
„Ich habe gestern vergessen, Sie anzurufen."

Ein Trabbifahrer fährt an der Tankstelle vor: „Bitte zwei neue Scheibenwischer für meinen Trabbi."
Der Tankwart geht um das Auto herum: „Okay, das Geschäft könn' wir machen."

Eine Hexe, ein Wassermann, ein fauler und ein fleißiger Lehrer sitzen zusammen an einem Tisch. Auf dem Tisch liegt ein Hundertmarkschein. Plötzlich geht das Licht aus, und als es wieder hell wird, ist der Hundertmarkschein verschwunden. Wer hat ihn?
Der faule Lehrer natürlich, die anderen gibt es doch nur im Märchen.

Pickwick

Teigwaren heißen Teigwaren, weil sie einmal Teig waren.

Das Hemd heißt Hemd, weil es hemmt.

Die Haut heißt Haut, weil man darauf haut.

Der Löwe heißt Löwe, weil er durch die Wüste löwt.

Der Tiger heißt Tiger, weil er auch durch die Wüste löwt, nur heftiger.

Aus der Schule geplaudert

Religionslehrer: „Nehmen wir an, daß du eines der zehn Gebote brichst.
Was wäre die Folge?"
„Daß es dann nur noch neun sind."

Biologielehrer: „Wie viele Ferkel kann eine junge Wildsau werfen?"
Der Schüler: „Hoch oder weit?"

„Wie heißt du?" – „Petra Müller."
„Wie alt?" – „12 Jahre."
„Religion?" – „Gut."

„Wie heißt du?" – „Dieter Müller."
„Und dein Alter?" – „Auch Müller."

„Na, wie hat es dir heute in der Schule gefallen?"
„Ganz gut. Heute haben wir schreiben gelernt."
„Und was hast du geschrieben?"
„Das weiß ich nicht, ich kann noch nicht lesen."

Der Chemielehrer fragt: „Wie wird Brom gewonnen."
Antwort: „Man pflückt einen Korb Brombeeren. Dann läßt man den Korb
auf den Boden fallen. Die Beeren verbinden sich mit der Erde zu Erdbeeren.
Dabei wird Brom frei."

„Was stellst du dir unter einer Hängebrücke vor?"
„Eine Schlucht, Herr Lehrer."

Neues aus Physik- und Mathematikarbeiten

Wenn elektrische Apparate schlecht instand gehalten werden, laufen die Bewohner eines Hauses mannigfache Gefahren. Die größte unter ihnen, die alljährlich viele Opfer fordert, ist der Tod.

James Watt sah eines Tages, als er sich seinen Kaffee zubereitete, die Dämpfe, die aus seiner Kaffeekanne drangen. Da setzte er sie auf Räder und hatte damit die erste Lokomotive gebaut.

Die Physik ist eine Wissenschaft, die zur Chemie wird, wenn es anfängt zu stinken und Explosionsgefahr besteht.

Es gibt zwei Sorten von krummen Spiegeln, die Konvikten und die Konklaven. In beiden gibt es was zu lachen, wenn man hineinblickt.

Um die Geschwindigkeit eines Fahrzeuges zu ermitteln, muß man den Umfang eines Rades mit der Anzahl der Kilometer multiplizieren, die man zurückzulegen gedenkt.

Für die Schiffahrt sind die Konsumwinde von Bedeutung. Sie blasen mit vereinten Kräften so lange in eine Richtung, bis alle Schiffe den Ozean überquert haben.

Marie Curie entdeckte das Radio und seine Aktivität.

Auf dem Mond kocht das Wasser viel schneller als auf der Erde, aber der Flug hinauf ist dafür um so länger, so daß sich die Zeitspanne wieder ausgleicht.

Der Kreis ist eine Figur, deren runde Form gleichweit voneinander entfernt ist.

Das Dreieck ist ein Quadrat mit nur drei Ecken.

Zwei Gerade, die nebeneinander herlaufen, heißen Parallele. Das Traurige ist, daß sie sich nie im Leben berühren können.

Kluge Fragen

„Papa, kannst du mir erklären, wie Elektrizität entsteht? " – „Ist doch ganz einfach, mein Sohn. Du brauchst nur den Schalter anknipsen, und schon brennt die Lampe."

„Papa, kannst du mir erklären, was ein Vakuum ist?" – „Ich will es versuchen, mein Sohn. Äh ... äh ... ich habe es im Kopf, aber es fällt mir nicht ein."

Was ist das Wichtigste beim Dreieck? Das ei, denn sonst hieße es „Dreck". Und was ist das Wichtigste beim Schmeißen? Daß man auch trifft.

Examensangst

Im Physikexamen stellt der Professor die Frage: „Warum fällt die Wolke da am Himmel nicht herunter?" Dabei deutet er mit dem Finger auf eine Wolke draußen am Himmel.
Der Prüfling will Zeit gewinnen und fragt: „Welche Wolke meinen Sie, die linke dort oder die rechte?"

Abschlußprüfung in Elektrotechnik an einer Ingenieurschule:
„Mit welcher Stromart wird die Straßenbahn betrieben?"
Der Student antwortet sehr sicher: „Mit Gleichstrom."
„Warum?"
„Wenn ich an der Haltestelle stehe, brauche ich nie lange warten, es kommt immer *gleich* eine Straßenbahn."
Der Prüfer kann nur mit dem Kopf schütteln. Deshalb beeilt sich der Student, den Fehler zu korrigieren:
„Mit Wechselstrom."
„Warum?"
„Nun, wenn ich auf eine Straßenbahn warte, kommt sie einmal von links und einmal von rechts – dauernd *wechselt* sie die Richtung."
Die Prüfungskommission kann sich nur wundern. Der Prüfling will die Situation retten und sagt schnell: „Mit Drehstrom".
„Warum?"
„Vorn in der Straßenbahn steht immer so ein Mann, der *dreht* an einer Kurbel."

Wer ist schneller? Eine (leider) wahre Geschichte.

In den letzten Physikstunden habe ich ausführlich die Schwingungs- und Wellenlehre behandelt und stelle eine Kontrollfrage:
„Breiten sich Lichtwellen schneller aus als Schallwellen? Begründe deine Antwort."

Schüler 1: „Nein, die Schallwellen sind schneller. Wenn man den Fernseher anschaltet, hört man zuerst den Ton. Das Bild erscheint erst viel später."
Ich bin entsetzt.

Schüler 2: „Die Lichtwellen sind schneller. Beim Radio geht zuerst das Licht an und dann hört man erst den Ton."
Ich bin erschüttert, gebe aber noch nicht auf und stelle die Frage etwas anders: „In hundert Meter Entfernung feuert jemand eine Pistole ab. Seht ihr zuerst den Blitz oder hört ihr erst den Knall?"

Schüler 3: „Natürlich sieht man zuerst den Blitz, denn die Augen sind ja näher dran als die Ohren."

Ich bin mein eigener Großvater

Wie das möglich ist? Nun, ich will es erklären.

Nach einer langen Junggesellenzeit war ich des Alleinseins müde und heiratete eine Witwe mit einer erwachsenen Tochter. Mein Vater verliebte sich in meine Stieftochter und nahm sie zur Frau. Somit wurde ich mein eigener Schwiegersohn und meine Stieftochter wurde meine Mutter.
Nach einem Jahr gebar meine Frau einen Sohn. Nun wurde es schwierig. Mein Sohn war der Schwager meines Vaters und gleichzeitig mein Onkel, denn er war der Bruder meiner Stiefmutter.
Nun bekam auch die Frau meines Vaters einen Sohn. Das war also mein Bruder und ebenso mein Enkelkind, da er ja der Sohn meiner Tochter war. Demzufolge hatte ich meine Großmutter zur Frau, weil sie Mutter meiner Mutter war. Als Ehemann meiner Frau war ich gleichzeitig ihr Enkelkind. Und da der Gatte einer Großmutter stets Großvater ist, bin ich mein eigener Großvater.
Mark Twain

Schwierige Verwandtschaft

Zwei Israelis betreten ein Hotel. Der eine Israeli ist der Vater des Sohnes des anderen Israeli. In welcher Beziehung stehen die beiden zueinander?

Lösung: Es sind Vater und Mutter. Ein männlicher und ein weiblicher Bewohner des Landes Israel werden beide als Israeli bezeichnet. Man kann die Frage auch mit zwei Somali stellen, aber nicht mit Franzose, denn er ist ein Franzose und sie eine Französin.

Zwei Väter und zwei Söhne sitzen auf drei Stühlen. Jeder besetzt einen Stuhl. Wie ist das möglich?

Lösung: Es handelt sich um Großvater, Vater und Sohn. Der Vater ist sowohl Sohn als auch Vater.

Das Letzte: ein magisches Quadrat

waagerecht 1 großer Waldvogel
2 Ruf des Erstaunens
3 Bastlerhilfe

senkrecht 1 Verwandter des Kauz
2 englisch: wer
3 bekannter Alleskleber

U	H	U
H	U	H
U	H	U

Blödelfragen

Warum sollte man im Dschungel immer eine große Eisenbahnschwelle mit sich führen?
Wenn ein wildes Tier angreift, wirft man die Schwelle fort. Dann ist man auf der Flucht viel beweglicher.

Was ist das? Der Lehrer bestimmt ein imaginäres Maß, indem er die Handfläche auf und ab bewegt.
Antwort: Ungefähr ein Meter.

Was bedeutet das? Zwei Finger einer Hand heben.
Antwort: „Fünf Bier für die Männer vom Sägewerk!"

Was ist das? Der Lehrer deutet mit einer Hand eine Wellenlinie an. Die Schüler vermuten: eine Wellenlinie, ein Segelboot ... Der Lehrer zeigt erneut die Wellenlinie, die Schüler wissen es nicht und sind auf die Lösung gespannt.
Antwort: Ich weiß auch nicht, was es ist. Aber schaut einmal: Da kommt es schon wieder ... (wieder zeigt der Lehrer die Wellenbewegung).

Mit welcher Hand zeige ich auf dich? Der Lehrer zeigt dabei auf einen bestimmten Schüler. Antwort des Schülers nach einer kurzen Überlegung: „Mit der rechten Hand!"
Lehrer: „Falsch. Mit meiner Hand zeige ich auf dich."

Warum legen die Indianer beim Spähen die Handfläche quer an die Stirn?
Antwort: Würden sie die Hand platt auf die Augen legen, könnten sie nichts sehen.

„Das schafft keiner", behauptet der Lehrer und meint damit, daß niemand in der Lage ist, zwei Sätze richtig zu schreiben, die er diktieren wird.
Der Klassenbeste meldet sich und will es versuchen. Der Lehrer diktiert, und der Schüler schreibt an die Tafel:

Der Bauer ging in den Stall und sprach zu seinem Pferd: „Du sollst beim Pflügen nicht immer ... der Lehrer schnalzt mit der Zunge, brubbelt mit den Lippen ... machen."
Meist beendet ein großes Gelächter diesen Test.

„Ich wette, daß niemand von euch so gute Nerven hat, daß er es unter dem Tisch aushält, auf den ich mit der Faust dreimal kräftig auf die Platte schlage. Er kommt bestimmt schon nach dem ersten oder zweiten Schlag hervorgekrochen."
Mit dem dritten Schlag muß man sich nur gedulden, vielleicht zwei, drei Stunden ...

„Ich wette, daß du allein nicht 17 mal 18 schriftlich ausrechnen kannst."
Wenn es jemand versuchen sollte, dann rechne ich selbst 17 mal 18 aus. Er hat es dann nicht mehr allein getan ...

„Schreibe ein Wort auf deinen Zettel, ohne daß ich es sehe. Während du schreibst, werde ich auf meinen Zettel genau dasselbe schreiben"
Die Wette gilt. „Du hast *Knoblauch* geschrieben und ich *genau dasselbe.*"

Vier weniger eins ist fünf

Du glaubst nicht, daß vier Ecken weniger eine Ecke fünf Ecken sind? Dann schneide mal von einem Blatt Papier, das vier Ecken hat, eine Ecke weg. Jetzt hast du fünf Ecken, nicht wahr?

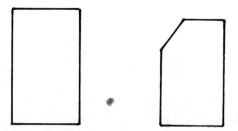

Der schwachsinnige Wanderer

Der Lehrer stellt folgendes Rätsel:
„Von zwei Wanderern ist einer schwachsinnig. Ihr sollt nun herausfinden, welcher der Schwachsinnige ist."
Also, zwei Wanderer treffen sich im Wald. Beide tragen schwere Rucksäcke. „Was hast du in deinem Rucksack?" fragt der eine Wanderer. „Tannenzapfen", antwortet der andere. „Und was hast du in deinem Rucksack?" – „25 kg Mampe", antwortet der erste Wanderer.

Wer von den beiden ist der Schwachsinnige?
Ein Schüler stellt bestimmt die Frage: „Was ist denn *Mampe*?" Antwort des Lehrers: „Das hat der Schwachsinnige auch gefragt!"

Neues aus Ostfriesland

Warum dürfen Ostfriesen bei der Arbeit keine Pausen machen?
Weil sie dann neu angelernt werden müssen.

Ostfriesen können angeblich nicht bis drei zählen. Was sagt ein Ostfriese, wenn drei Leute zu Besuch kommen?
„Da kommen zwei. Die bringen einen mit."

Eine ostfriesische Mutter schreibt ihrem Sohn

Lieber Sohn!

Ich schreibe Dir diesen Brief, damit Du weißt, daß ich noch am Leben bin. Ich schreibe langsam, weil ich weiß, daß Du nicht so schnell lesen kannst. Wenn Du mal wieder nach Hause kommst, wirst du unsere Wohnung nicht mehr wiedererkennen. Wir sind nämlich umgezogen. In der neuen Wohnung war schon eine Waschmaschine. Ich tat 14 Hemden hinein und zog an der Kette. Die Hemden habe ich bis heute nicht mehr wiedergesehen. Vater hat jetzt eine neue Arbeit. Er hat 500 Leute unter sich. Er mäht Rasen auf dem Friedhof. Letzte Woche ist Onkel Benno in einem Whiskyfaß ertrunken. Einige Männer wollten ihn retten, aber er leistete heftigen Widerstand. Wir haben ihn verbrennen lassen. Es hat drei Tage gedauert, bis wir den Brand löschen konnten.
Deine Schwester Rosy hat ein Baby bekommen. Da wir nicht wissen, ob es ein Junge oder ein Mädchen ist, weiß ich auch nicht, ob Du nun Tante oder Onkel geworden bist. Es hat letzte Woche nur zweimal geregnet, erst drei, dann vier Tage. Es hat so gedonnert, daß unser Huhn zweimal dasselbe Ei gelegt hat. Am Dienstag sind wir alle gegen Blitzschlag geimpft worden.

Deine Mutter

PS: Ich wollte Dir noch etwas Geld mitschicken, aber leider hatte ich den Brief schon zugeklebt.

Aus dem Leben gegriffen

Firma Krautwein will einen neuen Abteilungsleiter einstellen. Es bewerben sich drei Kandidaten. Der Personalchef stellt allen drei folgende Frage: „Wie verhalten Sie sich gegenüber einem Mitarbeiter, der schon zum dritten Mal hintereinander zu spät zur Arbeit kommt?"
Der erste antwortet: „Sofort entlassen ..."
Der zweite: „Erst einmal ein Gespräch führen, um die Gründe für das Zuspätkommen herauszufinden."
Der dritte: „Damit beschäftige ich mich erst, wenn mein Stellvertreter mit dem Mitarbeiter gesprochen hat."
Wer wird eingestellt und warum?
Der zweite Kandidat. Er ist mit dem kaufmännischen Direktor verwandt.

Von Soldaten, Ziegen und Kaninchen ...

Unteroffizier Huber hält Unterricht über das Thema „Waffenreinigen".
„Das Gewehr ist die Braut des Soldaten," beginnt Huber, „und die Braut muß sich immer in einem gepflegten Zustand befinden. Wenn Sie von einer Geländeübung zurückkommen und das Gewehr ist völlig verdreckt, so wird zuerst Wasser heiß gemacht. Wasser kocht bei 90 Grad, und das kochende Wasser wird über das Gewehr ..."
Rekrut Meier unterbricht: „Herr Unteroffizier, Wasser kocht doch erst bei 100 Grad."
Huber ist irritiert. Er verläßt den Unterrichtsraum und kommt nach kurzer Zeit zurück: „Meier, Sie haben recht. 90 Grad ist ja der rechte Winkel."

„Ich habe gehört, daß du in deinem Schlafzimmer Ziegen hältst? Das muß doch fürchterlich stinken?"
„Ja, das ist wahr. Da müssen sich die Ziegen eben dran gewöhnen."

„Sie haben mir gestern statt Kaninchenfutter einen Sack Holzspäne verkauft. Ich möchte bitte mein Geld zurück."
„Das geht leider nicht, mein Herr. Sie haben extra die billigste Futtersorte verlangt."
„Na gut, dann ist nichts zu machen. Wenn es die Kaninchen nicht fressen, kann ich wenigstens damit das Zimmer heizen."

Am Anfang war die Finsternis

Der Informationsfluß von oben nach unten muß ungestört ablaufen – das ist eine wichtige Voraussetzung für eine militärische Organisation. Oft aber auch eine unlösbare ...
Betrachten wir das folgende Beispiel:

Regimentskommandeur zu seinen Bataillonskommandeuren:
„Morgen um neun Uhr findet eine Sonnenfinsternis statt. Also etwas, was man nicht alle Tage zu sehen bekommt. Lassen Sie Ihre Soldaten im Ausgehanzug auf dem Kasernenhof antreten. Bei der Beobachtung dieses seltenen Ereignisses werde ich selbst die Erläuterungen geben. Wenn es regnet, werden wir die Sonnenfinsternis nicht gut sehen können. Die Soldaten begeben sich dann in die Turnhalle."

Ein Bataillonskommandeur zu seinen Kompaniechefs:
„Auf Befehl des Herrn Oberst findet morgen gegen neun Uhr eine Sonnenfinsternis statt. Wenn es regnet, werden wir das im Ausgehanzug auf dem Kasernenhof nicht gut sehen können. In diesem Fall führt der Herr Oberst das Verschwinden der Sonne in der Turnhalle durch. Also etwas, das man nicht alle Tage sehen kann."

Ein Kompaniechef zu seinen Zugführern:
„Auf Befehl des Herrn Regimentskommandeurs wird morgen ab neun Uhr das Verschwinden der Sonne in der Turnhalle durchgeführt. Die Soldaten haben im Ausgehanzug zu erscheinen. Der Herr Oberst gibt Anweisung, ob es regnen soll. Also etwas, was man nicht alle Tage erleben kann."

Ein Zugführer zu seinen Gruppenführern:
„Wenn es morgen in der Turnhalle regnet, also etwas, was nicht alle Tage vorkommt, verschwindet um neun Uhr unser Regimentskommandeur im Ausgehanzug."

Ein Gruppenführer zu seinen Soldaten:
„Morgen um neun Uhr soll unser Regimentskommandeur verschwinden. Schade, daß man das nicht alle Tage zu sehen bekommt."

Paradox ist, wenn ...

... ein Oberbaurat Tiefbau studiert hat.

... ein Onkel seinen Neffen vernichtet.

... einer in hellen Hosen dunkle Geschäfte macht.

... ein Oberleutnant vom Unterseeboot auf einer Landzunge Seezunge ißt.

... ein Reisender aus dem Osten für eine Firma im Süden Westen verkauft.

... ein aufgewecktes Kind schläft.

... ein Boxer einen Sieg erringt.

... ein Förster keine Schonung kennt.

... einer vom Rotwein blau wird.

... einer ein volles Wartezimmer betritt und sagt: „Wenn es hier immer so voll ist, kommt bald niemand mehr."

Trunkenbolde

Ein Skatspieler hat einen Stich.

Der Soldat hat eine Fahne.

Der Feuerwehrmann hat einen Brand.

Der Bergmann ist bezecht, und der Bergführer hat einen Zacken.

Der Gefängniswärter hat einen sitzen.

Der Matrose ist blau.

Der Tuchhändler hat einen Fetzen.

Der Zoologe hat einen Affen.

Der Elektriker steht unter Strom.

Der Möbelpacker hat schwer geladen.

Der Astronom ist sternhagelvoll.

Der Meteorologe ist angeheitert.

Der Optiker sieht alles doppelt.

Der König hat einen in der Krone.

Nachrufe

Der Koch hat die Löffel weggelegt.
Dem Uhrmacher schlug die letzte Stunde.
Der Anwalt trat vor einen höheren Richter.
Der Gelehrte gab seinen Geist auf.
Der Beamte ist entschlafen.
Der Färber ist verblichen.
Der Zerstreute verlor sein Leben.
Der Zahnarzt hinterließ eine schmerzliche Lücke.
Der Lokführer hat seine letzte Reise angetreten.
Der Vegetarier biß ins Gras.
Der Musiker ging flöten.
Der Maurer kratzte ab.
Der Pfarrer segnete das Zeitliche.
Der Schaffner liegt in den letzten Zügen.
Der Flötist pfeift auf dem letzten Loch.
Der Raucher hat sein Leben ausgehaucht.
Der Verlierer hat seine letzte Ruhe gefunden.
Der Gelähmte ist heimgegangen.
Die Zwillinge sind verschieden.

Literatur für Deutschlehrer

Gerd Brenner
Kreatives Schreiben
Ein Leitfaden für die Praxis
192 S., Pb
ISBN 3-589-20998-4

Gerd Brenner/Hans J. Kolvenbach
Praxishandbuch Kinder- und Jugendliteratur
Informationen, Materialien, Texte, Handlungshilfen
2. Aufl., 202 S., Pb
ISBN 3-589-20800-7

Heinz Dörfler
Moderne Romane im Unterricht
Modelle und Materialien zu *Tauben im Gras* von W. Koeppen, *Horns Ende* von Ch. Hein, *Das Parfum* von P. Süskind, *Kassandra* von Ch. Wolf, *Das Treffen in Telgte* von G. Grass, *Brandung* von M. Walser
256 S., 24 Abb., Pb
ISBN 3-589-20853-8

Esther Everling
Ein Hörspiel produzieren
Aneignung sprachlicher und technischer Gestaltungselemente in der Sekundarstufe I
104 S., 17 Arbeitsblätter, Pb
ISBN 3-589-20864-3

Helwig Kuhl
Ermutigung zum Schreiben
Theorie und Praxis in den Klassen 5 - 10
168 S., Abb., Pb
ISBN 3-589-20860-0

Jakob Lehmann
Deutsche Novellen von Goethe bis Walser
Interpretationen für den Literaturunterricht

Band 1:
Von Goethe bis C.F. Meyer
326 S., Pb
ISBN 3-589-20746-9

Band 2:
Von Fontane bis M. Walser
302 S., Pb
ISBN 3-589-20747-7

Jakob Lehmann
Deutsche Romane von Grimmelshausen bis zur Gegenwart
Interpretationen für den Literaturunterricht
Band 1:
Von Grimmelshausen bis J. Roth
3. Aufl., 312 S., Pb
ISBN 3-589-20785-X

Band 2:
Von A. Seghers bis M. Walser
3. Aufl., 302 S., Pb
ISBN 3-589-20786-8

Lucia Licher
Von einer, die auszog...
Ein Lese- und Arbeitsbuch zur Literatur von Frauen
144 S., Pb
ISBN 3-589-20879-1

Harro Müller-Michaels
Positionen der Deutschdidaktik seit 1949
259 S., Pb
ISBN 3-589-20600-4

Karl Stocker (Hrsg.)
Taschenlexikon der Literatur- und Sprachdidaktik
2. Aufl., 536 S., Pb
ISBN 3- 589-20384-6

Karl Stocker
Vom Lesen zum Interpretieren
Texte, Anleitungen, Beispiele für den Deutschunterricht
332 S., Abb., Pb
ISBN 3-589-20856-2

Cornelsen Verlag Scriptor

Vertrieb:
CVK Cornelsen Verlagskontor
Postfach 8729 · 4800 Bielefeld